BIBLIOTHÈQUE LIBÉRALE

LA VÉRITÉ
RIEN QUE
LA VÉRITÉ

L'HOMICIDE
D'AUTEUIL

10 LIVRAISONS
A
10 CENTIMES

PARIS

DEGORCE-CADOT, ÉDITEUR

70 bis, rue Bonaparte, 70 bis

1870

L'HOMICIDE D'AUTEUIL

AFFAIRE BONAPARTE

I

AVANT-PROPOS

Toute la vérité, rien que la *vérité*.

Tel est le frontispice que nous mettrons en tête de cette sombre et sanglante histoire ; car c'est bien de l'histoire.

Tel sera le seul mobile qui nous guidera.

Nous sommes en présence d'un fait, nous le constaterons ; les circonstances, les causes qui l'ont amené, nous les dirons, et cela sans parti pris aucun.

Nous ne sommes pas davantage partisan des énergumènes qui « jouent du cadavre » et s'en font un drapeau sanglant, que des deux ou trois plumes avilies, dont l'audacieux servilisme ne recule pas devant l'insulte à la victime, alors que le cadavre sanglant est encore chaud des larmes d'une famille éplorée et d'une fiancée de 15 ans.

En vérité, on dirait que ces gens, sans pudeur aucune, ont pris à tâche de détourner sur eux le sentiment de légitime indignation que devrait inspirer seul le meurtrier.

Ils ont réussi.

Lui, il peut avoir l'excuse de l'égarement ; un nuage de sang l'a aveuglé... Il a tué...

Il peut mériter pitié.

Mais eux, les insulteurs de cadavres !...

Ce que nous allons raconter est un drame. Hélas ! un trop véridique drame ; rien n'y fait défaut : ni la victime intéressante, ni la fiancée éperdue, ni les passions enfiévrées s'agitant, hurlant, au bord de la tombe.

Et aussi les huées, les imprécations, les cris de vengeance et de haine contre celui qui a tué...

Il y a une famille éplorée, deux vieillards à qui un fils adoré « leur Benjamin » a été fatalement ravi...

Et la famille de l'autre ?...

Oubliez qu'ils sont Bonaparte, oubliez la pourpre qui les recouvre, leurs titres princiers, oubliez le passé...

Expiation ! avons-nous entendu murmurer.

Expiation ! soit ; mais elle est affreuse.

Et puis, n'y a-t-il pas aux Tuileries, au Palais-Royal, n'y a-t-il pas dans cette maison d'Auteuil, à jamais lugubrement célèbre, n'y a-t-il pas des femmes, des enfants qui n'ont rien à expier et qui pleurent !

. . . .

Pour qui cherche la vérité, le journal offre plus d'un danger : à ne voir que le côté matériel, son format incommode, les diversions politiques ou autres qu'entraîne toujours une lecture trop rapide d'articles trop variés, les difficultés qu'on éprouve souvent à se procurer des feuilles de nuances diverses, et le travail indispensable pour discerner où doit être le vrai dans des hypothèses et des affirmations aussi contradictoires, voilà autant d'obstacles qui se dressent autour du lecteur.

D'autre part, le danger de se diminuer dans le parti qu'il sert, les préoccupations de toute nature qui viennent l'assaillir, la tyrannie de ses convictions, s'il en a, voilà pour le journaliste le prisme épais à travers lequel il doit faire passer la vérité qu'il veut écrire.

A chacun sa tâche : à d'autres, le mot d'ordre des Tuileries ou des faubourgs

A nous, de collectionner des renseignements pris partout, et de rédiger de simples notes, qui pourront servir plus tard à l'impartiale histoire.

Voici donc le fait dans son horrible réalité : Un jeune homme de vingt et un ans, presque un enfant par l'âge, mais un homme par l'esprit et le cœur, d'une santé exubérante, et riche des promesses de l'avenir, Victor Noir, un des enfants chéris de la presse parisienne, a été enlevé à sa famille, à sa fiancée, à ses nombreux amis, par une balle homicide, et la personne accusée de ce meurtre est le prince Pierre-Napoléon Bonaparte.

C'est dans la soirée du lundi 10 janvier que cette nouvelle sinistre s'est répandue dans Paris.

La première nouvelle en fut donnée, lundi soir, à quatre heures et demie, sous la forme d'un télégramme daté d'Auteuil, deux heures trente, et adressé à la *Marseillaise* :

« *Épouvantable attentat, mon témoin, Victor* « *Noir, assassiné par le Prince. Il vient de* « *mourir.*

« *Paschal Grousset.* »

On n'y crut pas d'abord ; mais le fait était confirmé par les journaux du soir, et dès le lendemain matin, à l'ouverture des magasins, il était édité sous toutes les formes dans tous les coins de Paris.

Pour ceux qui ont connu le prince, ou qui avaient suivi l'histoire de sa vie aventureuse, pour qui se souvenait même de 1848, et des scènes de violences auxquelles il se livra maintes fois dans les séances même de l'Assemblée constituante, le fait paraissait vraisemblable.

Ses habitudes de violence, son caractère indomptable, son goût pour le maniement des armes devaient, un jour ou l'autre, la colère aidant, si surtout la politique s'en mêlait, le conduire à quelque extrémité funeste.

II

LE LIEU DU DRAME

C'est au n° 59 de la rue d'Auteuil, (*intramuros*) en face le nouveau marché, qu'est la maison habitée par le prince Bonaparte depuis longues années.

Cette maison, assez longue, n'a que deux étages. Sa façade blanche, percée de nombreuses fenêtres, n'a qu'une seule porte, d'aspect très-vulgaire ; à droite, dans le vestibule du rez-de-chaussée, la loge du concierge, puis une salle d'armes décorée d'admirables panoplies, une salle d'armes qui est un véritable arsenal. A gauche, les cuisines, puis un escalier à appentis qui conduit au cabinet de travail, au salon et aux chambres à coucher. Derrière la maison s'étend une grande cour ; à droite, dans le fond, les écuries.

Pour le public passant, pour nous-mêmes, qui, il y a sept ou huit années, avons habité Auteuil toute une saison d'été, presque en face du n° 59, ce long bâtiment fait plutôt l'effet de communs, d'annexe à une maison principale qui serait masquée par les arbres du jardin, que d'une habitation princière.

Pendant plus de trois mois nous avons ignoré le nom du personnage, notre plus proche voisin ; et avant, à peine soupçonnions-nous que la maison fût habitée, tellement l'existence du prince était alors retirée et silencieuse.

Cette maison a un passé anecdotique, ne faisant en rien présager, à la vérité, sa lugubre célébrité d'aujourd'hui.

Elle a appartenu à Mme Helvétius, qui y recevait toute la société philosophique du dix-huitième siècle. L'illustre Franklin y vint souvent professer, dans d'agréables causeries, ses sentiments philantropiques. Le premier consul y rendit aussi quelquefois visite à Mme Helvétius, et il reçut d'elle un jour cette gracieuse et indirecte leçon : « Général, lui dit-elle en se promenant dans le jardin, si l'on savait tout ce qui peut tenir de bonheur dans un arpent de terre, on songerait moins à conquérir le monde. »

Avant de raconter le drame, pénétrons dans la maison avec un des familiers du prince, qui en a décrit les coins et recoins, visitons le vestibule, la salle d'armes, le salon-fumoir, la salle de billard, qui ont vu les péripéties de la tuerie.

Nous visiterons aussi la chambre à coucher de l'inculpé, cabinet de travail en même temps que salle de repos.

La maison qu'habite à Auteuil le prince Pierre Bonaparte est d'une grande simplicité, apparente et effective.

Le bâtiment est vaste, aéré et distribué de façon à satisfaire aux exigences de la vie intime et toute modeste que mène le cousin de l'Empereur ; mais c'est en vain que l'on chercherait à rencontrer dans cette habitation de famille les éléments nécessaires à une installation somptueuse.

En entrant, on a en face de soi, seul luxe de cette demeure, un immense terrain planté d'arbres ; un gazon naturel s'étend dans la longueur de ce petit parc ; des deux côtés de la porte cochère se trouvent les remises et les écuries, et de suite, en tournant sur la gauche, les premiers degrés de l'escalier se présentent au visiteur.

On monte vingt marches au plus et l'on se trouve dans une salle d'armes, qui sert en quelque sorte d'antichambre au salon.

Cette salle d'armes, dont les murs sont nus, n'a qu'un seul point qui présente quelque caractère ; c'est celui du fond, où se trouve la cheminée et où l'on voit également une collection assez curieuse d'armes blanches et surtout d'armes à feu.

Il y a là des échantillons de tous les pays, depuis le fusil à mèche des Chinois jusqu'à l'espingole de Castille ; depuis l'arquebuse primitive des huguenots jusqu'au rifle américain. Puis, on y voit encore les modèles plus récents, et enfin le simple fusil de chasse ordinaire.

Le prince est grand amateur, et il est bien rare qu'un modèle nouveau se produise sans qu'aussitôt l'inventeur aille le lui offrir. Aussi il est presque impossible, quelle que soit l'heure de la journée où l'on se présente, de s'asseoir sur un siége, de s'appuyer sur un meuble, sans se heurter à une arme quelconque.

Maintenant pénétrons dans ce salon, devenu désormais tristement célèbre.

Ici, nous sommes en plein dix-huitième siècle, par la coupe de la pièce, par son élévation, par ses boiseries peintes en gris, par ses panneaux du fond formés par des portes simulées, garnies de glaces du temps.

Seul le meuble en velours rouge jure un peu avec l'harmonieux ensemble architectural, car j'oubliais de le dire, cette pièce, vaste et bien éclairée, est aussi à pan coupé aux quatre angles.

En entrant par la porte de la salle d'armes, la cheminée se trouve à droite ; et en face, au milieu d'un panneau sculpté, on remarque un portrait photographique de Napoléon III. Ce portrait est le seul tableau, le seul ornement, la seule décoration de cette pièce, la principale cependant de l'habitation.

La garniture de la cheminée, la pendule surtout, est d'un curieux travail qui doit remonter au premier empire. A côté de la pendule, et posée directement sur le marbre de la cheminée, on voit une petite merveille d'orfèvrerie représentant le tombeau du chef de la dynastie impérale. C'est sans contredit un bijou d'une valeur artistique réelle pour tout le monde ; pour le prince Pierre, il y a là un souvenir de famille inappréciable.

Avec le buste de S. M. l'Impératrice, c'est à peu près tout ce que possède ce salon en fait de menus objets.

Au milieu se trouve une table ; contre le mur faisant face à la cheminée, un canapé ; et dans le fond, en opposition à la porte donnant sur le billard, çà et là des fauteuils, ceux notamment derrière lesquels s'était un instant caché M. Ulric de Fonvielle, d'après la version du prince.

En face de la porte de la salle à billard, dont nous parlerons tout à l'heure, il y a également une autre porte, ouvrant directement sur la chambre à coucher du prince, chambre à coucher qui lui sert en même temps de cabinet de travail.

Entrons dans cette pièce.

Elle est immense et d'une simplicité digne d'un philosophe. Elle a toute la longueur formée par le salon et la salle d'armes.

Dans le fond, des placards destinés aux vêtements et à la lingerie particulière de Pierre Bonaparte.

Au milieu, le lit, large, solidement établi, mais sans rideaux. Le long des murs, sa bibliothèque ; dans un coin, une table-toilette : puis une grande cheminée en pierre, dans le genre de nos grands âtres des campagnes : et enfin, près d'un vitrage donnant sur un terrain, une table tenant toute la largeur de cette pièce.

Sur cette table sont des papiers, des cartes, des compas, des manuscrits, des plans, des épreuves, des livres, enfin tout cet attirail, cet outillage intellectuel de l'homme qui donne la meilleure partie de son temps aux choses de la science et de l'esprit.

C'est qu'en effet le prince travaille beaucoup. Il est d'un tempérament robuste et d'une activité constante, malgré les douleurs que lui ont fait éprouver les blessures qu'il a reçues.

Maintenant, sortons de la chambre à coucher, traversons de nouveau le salon, et pénétrons dans la salle à billard, où M. Ulric de Fonvielle se trouvait lorsqu'il lui a été tiré le second coup de pistolet.

D'abord, arrêtons-nous quelques secondes sur la porte et de là examinons cette pièce. Je ne puis guère en apprécier au juste la distance, car tout ceci est écrit de souvenirs recueillis dans un moment où se mouvait autour de moi une famille vivement troublée, mais j'estime cependant que la longueur de cette pièce peut être de dix mètres.

La porte du salon donnant dans cette salle se trouve dans l'encoignure et non pas sur le milieu, de telle sorte qu'en sortant de cette porte, le billard, appuyant sur le côté gauche, présente pour ainsi dire obstacle et amène généralement la personne qui sort du salon pour traverser la salle à billard, à appuyer sur le côté droit pour rejoindre le petit escalier du fond, qui pourtant est sur la gauche.

Remarquons bien ici la réflexion du narrateur; elle aura peut-être une grande importance, alors qu'il s'agira de discuter et d'apprécier les déclarations de l'inculpé ou des témoins.

Je ne sais si cette explication est bien compréhensible ; dans tous les cas elle sert à démontrer comment et pourquoi M. Ulric de Fonvielle a dû, suivant la loi commune, se précipiter par le côté droit de la salle de billard.

C'est là qu'était M. de Fonvielle lorsque Pierre Bonaparte a tiré sur lui le dernier coup de pistolet, dont la balle, après avoir traversé le vêtement de M. de Fonvielle, est allée se loger à droite dans la tapisserie, après avoir déchiré le papier à deux endroits.

Cette pièce, d'ailleurs, ne présente rien de remarquable, et n'a d'accès que sur un étroit escalier de dégagement.

III

LE PROLOGUE DU DRAME

LA POLÉMIQUE ET LES PROVOCATIONS

Maintenant, pour la plus grande clarté des faits, disons le pourquoi, ou tout au moins la cause déterminante et le prologue de la tragédie sanglante.

La relation de la polémique à outrance qui a amené les demandes de réparation par les armes, les lettres ainsi que les provocations échangées et s'entrecroisant, les témoins de M. Paschal Grousset se présentant à Pierre Bonaparte quand il attendait ceux de M. Henri Rochefort, ou peut-être bien ce dernier lui-même, tout cela, lecteur, doit vous être parfaitement exposé, afin que sans rien préjuger toutefois, et obéissant simplement aux suggestions de notre conscience, et du seul bon sens, nous puissions, vous et moi, formuler notre appréciation et dire : Là doit être la vérité.

D'abord,

Voici ce que le prince Pierre Bonaparte avait publié et signé le 30 décembre dans *l'Avenir de la Corse*, journal de la préfecture et tout particulièrement inféodé à la *Camarilla* bonapartiste.

« Je pourrais multiplier des faits propres à faire battre le cœur de tous les enfants de la vieille Cirnos, ce *nido d'allori*, nid de lauriers, comme on l'a dit justement; mais, pour quelques malheureux *fardani* de Bastia, à qui les *Niolini* du marché devraient se charger d'appliquer une leçon *touchante*; pour quelques lâches Judas, traîtres à leur pays, et que leurs propres parents eussent autrefois jetés à la mer dans un sac; pour deux ou trois nullités, irritées d'avoir inutilement sollicité des places, que de vaillants soldats, d'adroits chasseurs, de hardis marins, de laborieux agriculteurs la Corse ne compte-t-elle pas, qui abominent les sacriléges et qui les eussent déjà mis *le stenine per le porreŗe* les tripes aux champs, si on ne les avait retenus ?

« Laissons ces *Vittoli* à l'opprobre de leur trahison, et qu'il me soit permis de rappeler un mot d'un diplomate américain qui, à propos des ordures que certains journaux et pamphlets ont jetées à la colonne, disait que la France elle-même, ce grand pays, est plus connue dans l'univers par Napoléon que Napoléon par la France.

« Napoléon n'a fait que son devoir, quand il a mis son génie et toutes ses facultés au service de la France qui l'en a largement récompensé par le culte voué à sa mémoire, culte dont le vote du 10 décembre a été la sublime manifestation : mais, je le dis, pour répondre aux ignorants et aux libellistes de mauvaise foi : il n'est pas moins vrai que tous les écrivains militaires, français et étrangers, faisant autorité, conviennent qu'en 1796, la France était définitivement vaincue sans Bonaparte.

« Malgré les escargots rampant sur le bronze pour le rayer de leur bave, l'auréole du grand homme ne sera point ternie; et s'il était possible de supposer un instant qu'elle le fût, ses détracteurs, mauvais patriotes ne seraient parvenus qu'à amoindrir la France de sa plus glorieuse illustration.

Que les Corses ne se préoccupent donc pas du disparate que d'infimes folliculaires de Bastia tentent vainement d'établir dans des sentiments unanimes qui ont atteint le niveau d'une religion nationale.

« Que le pouvoir n'amène pas son pavillon, en consentant à des combinaisons qui confieraient les affaires du pays à ceux qui ne professent pas sincèrement cette religion.

« Que Dieu inspire ceux qui, d'une main ferme, élèveront nos aigles au-dessus des empiètements étrangers et des discordes intestines, — et que notre chère Corse soit toujours fière de sa solidarité avec la France et avec son élu. — *Evviva li nostri!*

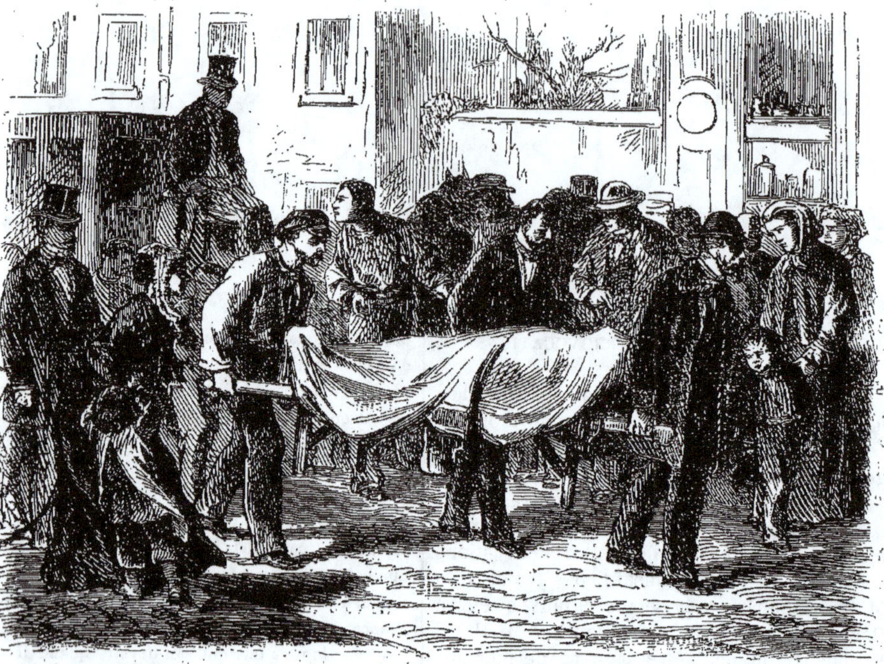

« Je vous serre la main et je suis votre affectionné.

« P.-N. BONAPARTE. »

Il est certain que rien, ni dans le fond, ni dans les expressions de cet article de journal à jamais regrettable, n'était parlementaire. Malgré quelques tournures de phrases visant au poétique, on l'aurait dit plutôt style palefrenier que princier.

Quoi qu'il en soit, l'insulte et les allusions étaient des plus blessantes.

Aussi, M. Louis Tommasi ne tarda pas à y répondre par l'article suivant publié dans la *Revanche*, de Bastia.

« La renommée aux mille voix nous avait appris déjà les brillants faits et gestes de M. Pierre-Napoléon Bonaparte; mais nous n'avons jamais pu apprécier comme aujourd'hui les fleurs de sa rhétorique, l'aménité de son style, la noblesse de ses pensées, la générosité de ses sentiments.

« Non, cet aigle n'est pas né, il n'a pas grandi dans un nid de lauriers !

« Non, ce prince n'est pas Corse !

« Il traite de mendiants (*furdani*) des hommes qui n'ont jamais frappé ni à sa porte, ni à celle d'aucun Bonaparte; il qualifie de traîtres (*vittoli*) des citoyens indépendants qui pourraient lui donner des leçons de patriotisme.

« Non, ce furibond n'est pas un brave, puisqu'il injurie des adversaires politiques qui ont au moins le mérite de la sincérité, puisqu'il invective des citoyens qui n'ont aucun compte à lui rendre, et ne lui reconnaissent aucune supériorité.

« Prince Pierre-Napoléon Bonaparte, avez-vous oublié ce que vous écriviez aux citoyens de la Corse le 12 mars 1848? — Alors vous étiez aussi pauvre que nous, et vous veniez mendier nos suffrages : alors vous étiez plus républicain que nous, car vous voyiez dans le gouvernement de la république le moyen de faire fortune.

« Nous sommes des Judas, nous qui restons fidèles à notre passé, à notre drapeau, à nos serments, à notre religion politique !

» Nous sommes des traîtres à notre pays, nous qui, en 1848, avons eu la naïveté de croire à la sincérité des professions de foi des Bonaparte !

« Nous sommes des nullités irritées d'avoir inutilement sollicité des places !...

« Prince Pierre-Napoléon Bonaparte, si cela est vrai, vous devez en produire la preuve; sinon, savez-vous comment s'appellent ceux qui disent le contraire de la vérité?

« Prince Pierre-Napoléon Bonaparte, nous sommes des ignorants; mais quand vous voudrez recevoir une leçon d'histoire et de droit, nous vous prouverons, le Bulletin des lois à la main, que Napoléon Bonaparte, premier consul, que Napoléon 1er, empereur, a commis des actes de tyrannie atroce.

. . . .

« Au surplus, nous prenons acte des extravagantes menaces que nous adresse M. Pierre-Napoléon Bonaparte. — Nous prenons la France à témoin de cette provocation insolente, et nous en laissons à notre adversaire toute la responsabilité.

Louis Tommasi,
Bâtonnier de l'ordre des avocats,
près la cour de Bastia.

Cela se passait entre Corses, séparés par plusieurs mille kilomètres de distance ; les insultes étaient assez cruelles pour amener une rencontre, mais elle n'était pas imminente.

L'incident ne devait pas tarder à se compliquer par la publication d'un article, signé Ernest Lavigne, dans la *Marseillaise*, journal de M. Henri Rochefort.

Le voici dans toute sa brutalité :

Il y a dans la famille Bonaparte de singuliers personnages, dont l'ambition enragée n'a pu être satisfaite, et qui, se voyant relégués systématiquement dans l'ombre, sèchent de dépit de n'être rien et de n'avoir jamais touché au pouvoir. Ils ressemblent à ces vieilles filles qui n'ont pu trouver de mari et pleurent sur les amants qu'elles n'ont pas eus.

Rangeons dans cette catégorie de malheureux éclopés, le prince Pierre-Napoléon Bonaparte, qui se mêle d'écrire et de faire du journalisme à ses heures. Il habite en Corse, où il fait la guerre à la démocratie radicale; mais il y remporte plus de Waterloo que d'Austerlitz. La *Revanche*, journal démocratique de la Corse, nous initie à ces défaites et nous donne un échantillon des articles du soi-disant prince.

Irrité de voir les idées républicaines envahir le sol natal de sa famille, le prince a publié, dans un journal traitant de matières politiques sans en avoir le droit, une lettre longue de deux toises, où il menace ses adversaires de les faire éventrer :

« Que de vaillants soldats, d'adroits chasseurs, de hardis marins, de laborieux agriculteurs, la Corse ne compte-t-elle pas, qui abominent les sacriléges, et qui leur eussent déjà mis « *le stentine per le parrette* » les tripes aux champs, si on ne les avait retenus ? »

Comme on voit, le prince n'y va pas de main morte. Grattez un Bonaparte, vous verrez apparaître la bête féroce.

Non contents de nous blesser dans notre conscience, dans nos souvenirs, de nous diminuer dans nos biens, ces gens-là nous insultent et se flattent de retenir leurs *bravi* prêts à nous éventrer.

Le vote du 10 décembre paraît au prince Pierre-Napoléon Bonaparte une sublime manifestation. La manifestation de la lassitude et de la peur, oui ! — mais les temps sont changés, avouons-le; nous sommes loin d'être las.

C'est ce que le rédacteur en chef de la *Revanche*, M. Louis Tommasi, bâtonnier des avocats près la cour de Bastia, a très-bien répondu à ce fanfaron de la famille impériale, qui se croit encore sous le régime du bon plaisir, comme sous Napoléon Ier.

« Menacer quelqu'un de lui arracher les tripes, ce n'est pas prouver qu'il a tort; les bons arguments sont toujours préférables aux actes de violence et de brutalité.

Au surplus, nous prenons acte des extravagantes menaces que nous adresse M. Pierre-Napoléon Bonaparte. Nous prenons la France à témoin de cette provocation insolente, et nous en laissons à notre adversaire toute la responsabilité. »

La nation est juge, en effet, dans de pareils procès. Que pensera-t-elle de ce qui précède quand elle saura que ce Pierre-Napoléon Bonaparte est le même qui en 1848, adressait aux Corses une proclamation républicaine où nous trouvons des protestations, des offres, des serments comme on n'en peut trouver que dans les proclamations de celui qui est Napoléon III par la grâce de ses serments violés et de ses coups d'Etat ?

Tout habitué qu'on soit aux palinodies, on peut trouver étrange qu'un homme ait dit il y a vingt ans: « Mon père était un républicain ; je le suis donc par « conviction, par instinct, par tradition, » et que ce même homme traite aujourd'hui, de traîtres, « que leurs parents eussent autrefois jetés à la mer dans un sac » les citoyens qui sont restés fidèles, eux, à leurs convictions, à leurs instincts, à leurs traditions!

Par bonheur, la cruelle expérience du passé nous donne pour l'avenir des règles de conduite. Que la future République se garde de tout ce qui porte le nom de Bonaparte, de tout ce qui touche de près ou de loin aux princes, aux rois, aux empereurs! et que la Corse continue sa vaillante propagande démocratique. La France, sa mère adoptive, ne lui en voudra plus d'avoir produit les Napoléon.

Ernest LAVIGNE.

Trève aux réflexions qui nous assaillent en foule à propos de ces polémiques ardentes, échevelées, polémiques le plus souvent inspirées par la haine, l'envie, l'ambition la plus effrénée, constamment déçue, et quelquefois pourquoi ne pas le dire, par la vénalité basse.

Il y a des âmes vénales et vendues dans tous les partis...

Que de figures patibulaires ne rougissant plus, et de poitrines sans cœur, si on levait tous les masques !

Polémique du jour, mettant le fer et le pistolet au poing, les injures et les invectives aux lèvres.

Polémique sans idées, sans conscience et sans honnêteté, à l'usage de quelques brebis galeuses de tous les partis et réprouvée énergiquement par les honnêtes gens de toutes les opinions.

Trève donc à toutes réflexions inutiles, hélas!

Les actes vont s'accomplir.

M. Paschal Grousset, correspondant à Paris de la *Revanche*, se croyant, en vertu de la solidarité d'honneur qui doit unir la rédaction d'un journal, personnellement attaqué par Pierre Bonaparte, avait résolu de lui demander réparation, et dès la veille de l'homicide, soit le 9 janvier, il avait donné les pouvoirs à ses deux amis, Victor Noir et Ulric de Fonvielle, pour mener à bien cette affaire d'honneur ; ils avaient la mission de se rendre chez le prince Bonaparte, porteurs de la lettre suivante qui leur avait été adressée:

Mes chers amis,

Voici un article récemment publié avec la signature de M. Pierre-Napoléon Bonaparte, et où se trouvent, à l'adresse des Rédacteurs de la *Revanche*, journal démocratique de la Corse, les insultes les plus grossières.

Je suis l'un des rédacteurs-fondateurs de la *Revanche*, que j'ai mission de représenter à Paris.

Je vous prie, mes chers amis, de vouloir bien vous présenter en mon nom chez M. Pierre-Napoléon Bonaparte et lui demander la réparation qu'aucun homme d'honneur ne peut refuser dans ces circonstances.

Croyez-moi, mes chers amis, entièrement à vous.

Paschal GROUSSET.

A cette lettre était annexée une note :

Insultes relevées dans l'article de M. Pierre-Napoléon Bonaparte (*Avenir de la Corse*, du 30 décembre 1869).

« *Furdani*, mendiants. »

« A qui les portefaix du marché devraient se charger d'appliquer une leçon *touchante*. »

« »*Lâches*, Judas. »

« Nullités irritées d'avoir inutilement sollicité des places. »

Paschal GROUSSET.

Dans la même journée ou tout au moins dans la matinée du 10, M. Pierre Bonaparte, s'empressant de profiter de l'occasion, probablement rêvée, que lui donnait l'article fulgurant de M. Ernest Lavigne, avait adressé à M. H. Rochefort la lettre suivante, lettre de provocation parfaitement loyale, prétendent les uns, lettre de provocation brutale, sous-entendant un « guet-apens » crient les autres.

Cette lettre arrivait le matin, 10 janvier 1870, à dix heures, aux bureaux de la *Marseillaise*, à M. Henri Rochefort.

Paris, 9 janvier 1870.

Monsieur,

« Après avoir outragé, l'un après l'autre, chacun des miens et n'avoir épargné ni les femmes, ni les enfants, vous m'insultez par la plume d'un de vos manœuvres.

« C'est tout naturel et mon tour devait arriver.

« Seulement, j'ai peut-êtreun avantage sur la plupart de ceux qui portent mon nom : c'est d'être un simple particulier tout en étant Bonaparte.

« Je viens donc vous demander si votre encrier est garanti par votre poitrine ; et je vous avoue que je n'ai qu'une médiocre *confiance* dans l'issue de ma démarche.

« J'apprends, en effet, par l s journaux, que vos électeurs vous ont donné le mandat impératif de refuser toute réparation d'honneur et de conserver votre précieuse existence.

« Néanmoins, j'ose tenter l'aventure, dans l'espoir qu'un faible reste de sentiment français vous fera vous départir, en ma faveur, des mesures de prudence et de précaution dans lesquelles vous vous êtes réfugié

« Si donc, par hasard, vous consentez à tirer les verrous protecteurs qui rendent votre honorable personne deux fois inviolable, vous ne me *trouverez* ni dans un palais, ni dans un château.

« J'habite tout bonnement, 59, rue d'Auteuil, et je vous promets que si vous vous présentez, on ne vous dira pas que je suis sorti.

« En attendant votre réponse, Monsieur, j'ai encore l'honneur de vous saluer.

PIERRE-NAPOLÉON BONAPARTE. »

Voici ce qu'il advint de cette provocation brutale :

M. Millière, qui avait pris lecture de la lettre de provocation, s'empressa de la porter à M. Rochefort.

Ils comprirent l'un et l'autre qu'il s'agissait de l'article inséré dans le numéro 23 de *la Marseillaise*, sous le titre : *La famille Bonaparte.*

M. Rochefort pria M. Millière de lui servir de témoin et d'aller chercher M. Arthur Arnould, comme second témoin. Il lui recommanda de mener promptement l'affaire, afin que le duel pût avoir lieu le jour même.

Après avoir vainement cherché M. Arthur Arnould à son domicile et à la salle des Pas-Perdus du Corps législatif, il finit par le rencontrer aux bureaux de la *Marseillaise*, où ils arrivaient tous deux au même moment.

M. Millière et M. Arnould partirent immédiatement pour Auteuil.

Tel est le prologue du drame sanglant dans toute sa vérité.

IV

L'HOMICIDE

Si l'intention, disons le mot, si la culpabilité morale, si les circonstances atténuantes ou aggravantes sont vivement discutées, les faits matériels ne peuvent guère l'être.

Tout le monde est à peu près d'accord et on raconte d'une façon uniforme, à quelques variantes près, l'entrée des témoins de M. Paschal Grousset, rue d'Auteuil, nº 59, et aussi leur sortie.....

Voici la version la plus accréditée.

Le lundi 10 janvier vers une heure trois quarts, MM. Victor Noir, Ulric de Fonvielle et Paschal Grousset arrivaient à Auteuil et faisaient arrêter leur voiture près des bâtiments du marché. M. Grousset se séparait de ses deux compagnons, et nous supposons qu'il alla les attendre chez M. Georges Sauton, qui habite le quartier.

MM. Victor Noir et Ulric de Fonvielle allaient porter à M. Pierre Bonaparte une réponse à une provocation adressée le matin même par le prince à la *Marseillaise*. Ils devaient en même temps demander raison d'un article publié par *l'Avenir de la Corse* et attribué à M. Pierre Bonaparte. Cette pièce importante est du reste au dossier.

Ce qu'il y a de certain, c'est que MM. Victor Noir et Ulric de Fonvielle se présentaient chez M. Pierre Bonaparte comme mandataires de M. Paschal Grousset qui, personnellement, croyait devoir demander raison de l'article publié par *l'Avenir*.

MM. Victor Noir et Ulric de Fonvielle entrèrent dans le vestibule, et firent remettre leurs cartes à M. Pierre Bonaparte.

Ils furent reçus dans la pièce du milieu, qui est un salon-fumoir, assez simplement décorée.

. . . .

. . . .

Quelques minutes après, M. Victor Noir, les bras tendus en avant, sortait de la maison et tombait sur le trottoir.

On accourt. M. Victor Noir était étendu, sans mouvement, la face sur l'asphalte.

On venait d'entendre plusieurs coups de feu.

Presque aussitôt M. Ulric de Fonvielle sortit à son tour de la maison, en criant: « A l'assassin! à l'assassin! »

Il y eut bientôt quelques centaines de curieux devant la maison. MM. Paschal Grousset et Georges Sauton étaient accourus des premiers et tenaient dans leurs bras le corps de leur camarade. M. Ulric de Fonvielle racontait avec une vive animation que M. Pierre Bonaparte avait fait feu trois fois sur les témoins de M. Grousset.

On releva M. Victor Noir; la vie n'était plus indiquée que par quelques tressaillements.

Quatre ou cinq personnes prirent le malheureux jeune homme par les pieds et sous les bras, deux amis soutenant la tête, et on le transporta à une centaine de mètres de là, au nº 42 de la rue d'Auteuil, dans la pharmacie de M. Mortreux.

Une dernière convulsion agita le mourant, sur le seuil de la pharmacie, un peu de sang vint aux lèvres, M. Mortreux constata la mort.

Le pharmacien ouvrit les vêtements et examina le cadavre ; il y avait un trou rond, étroit, sous le sein gauche. La balle était entrée à deux millimètres du cœur ; elle devait avoir traversé le péricarde.

La foule se pressait aux abords de la pharmacie.

M. Paschal Grousset faisait expédier des dépêches et envoyait chercher M. Louis Noir, frère de la victime.

Que s'était-il passé chez M. Pierre Bonaparte ?

Quels avaient été les épisodes de ce drame rapide ? On n'en connaissait que le dénouement.

Les deux hommes qui pouvaient parler avaient été acteurs eux-mêmes dans ce drame : MM. Pierre Bonaparte et Ulric de Fonvielle.

La pharmacie de M. Mortreux est petite ; les deux comptoirs occupent presque tout l'espace. A gauche s'ouvre un petit cabinet réservé aux consultations.

C'est dans ce cabinet que le corps fut placé, couché sur une grande natte, la tête appuyée sur un oreiller.

On était allé prévenir les trois commissaires de police de l'arrondissement ; le secrétaire de M. Roydeau, commissaire du quartier de Passy, rue Vital, arriva le premier et entra dans la pharmacie, accompagné du docteur Pinel.

Le docteur Pinel procéda aux constatations médico-légales.

La balle, une balle de pistolet, était entrée sous le sein gauche, à deux millimètres au-dessous du cœur. La mort avait dû être presque instantanée.

Un jeune homme fendit la foule en criant : — Mon frère !... mon pauvre frère !... — La foule lui livra passage avec une profonde émotion.

C'était M. Louis Noir, désespéré, bouleversé par la terrible nouvelle qui était venue le surprendre au milieu des apprêts d'une fête de famille...

Louis Noir se jeta sur le corps de son frère et le tint longtemps embrassé en sanglottant.

La narration des faits pour ainsi dire publics, du sanglant événement, tels qu'on vient de les lire, sont corroborés et complétés par un des rédacteurs du *Journal des Débats* dans ces termes :

« Vers une heure et demie, plusieurs personnes virent sortir de la maison du prince Pierre Bonaparte un homme levant son chapeau en l'air et criant : « On assassine dans la maison du prince Bonaparte ! *Au secours ! au secours !* » Un ouvrier maçon pénétra sous la porte cochère ; presque au même moment, M. Louis Voogts, concierge, rue Erlanger, 4, entrait sous cette porte. Ils aperçurent M. Victor Noir qui venait de tomber à genoux sur le pavé, et qui essayait de se soutenir.

« M. Voogts lui souleva la tête. M. Noir essaya de prononcer quelques mots, mais il fit signe qu'il étouffait. M. Voogts, ne voyant pas de trace de sang, écarta vivement la redingote et le gilet du blessé, et reconnut alors à la hauteur du cœur une profonde blessure d'où le sang s'échappait, inondant la chemise et le pantalon. Aidé du maçon et d'une autre personne, M. Voogts transporta le blessé chez M. Mortreux, pharmacien, dont la boutique est située à quelques mètres de la maison du prince Bonaparte. Un médecin, le docteur Samazeuil, qui habite au-dessus de la pharmacie, descendit immédiatement et examina la blessure. Il reconnut que M. Victor Noir était mort : il avait succombé pendant le trajet.

« Le commissaire de police fut aussitôt prévenu, et, à la sollicitation de MM. Ulric de Fonvielle, Sauton et Paschal Grousset, on conduisit le corps de M. Victor Noir, placé sur un brancard, chez M. Louis Noir, son frère, qui demeure passage Masséna, 21, à Neuilly. »

Disons maintenant qu'en l'absence de M. le commissaire de Police Roydeau, absence vraie ou seulement nécessitée par la prudence qui lui aurait conseillé d'aller prendre des ordres à Paris, son secrétaire, ayant appris les faits, s'était rendu chez M. Pierre Bonaparte ;

Qu'une grande partie de la population d'Auteuil s'était assemblée devant la maison ;

Que déjà, assure-t-on, M. Pierre Bonaparte avait écrit à M. Conti, secrétaire de l'Empereur, une lettre qui annonçait le terrible événement (1) ;

Et enfin que dès qu'il vit entrer le commissaire de police, il déclara se constituer prisonnier et jura sur l'honneur de se tenir dans sa maison à la disposition de la justice,

(1) Voici la teneur de la lettre, que dit-on immédiatement après le crime, le prince Bonaparte écrivit à M. Conti :

Mon cher monsieur Conti,

Je me hâte de vous avertir du très grand malheur qui est arrivé.

Deux journalistes de la *Marseillaise* sont venus me provoquer. L'un m'a frappé, l'autre m'a menacé de son pistolet à six coups. J'ai tiré, je crois que j'en ai tué un J'ai envoyé chercher sergents de ville et commissaire de police.

—

Si cette lettre n'est pas apocryphe, elle est fatale pour l'inculpé ; elle établit chez Pierre Bonaparte, l'absence complète de tout sens moral, et rien ne pourrait plus faire douter de cette phrase malencontreuse qu'on lui prête : « Quand l'empereur va savoir ça, il me retirera ma pension. »

Lettre et regrets... de pension se valent.

Avant de relater les versions des deux seuls survivants et uniques témoins de l'épouvantable scène mentionnons le récit détaillé que fait M. Grousset de la mission donnée à ses deux malheureux amis et de ce qu'il a vu.

Il faut bien surmonter la stupeur qui paralyse tout mon être, pour déposer, moi aussi, moi la cause occasionnelle de cet épouvantable assassinat, le peu que j'en sais.

En même temps que je recevais de Bastia l'article signé Pierre-Napoléon Bonaparte dans le dernier numéro de *l'Avenir de la Corse*, je recevais aussi de l'un de mes colloborateurs de la *Revanche* une lettre qui me disait entre autres choses :

Vous connaissez la Corse, mon cher ami, vous savez que tous ici nous avons des ennemis capables de se porter aux derniers excès. A partir d'aujourd'hui, *tenez pour certain que nos jours sont très sérieusement menacés.*

« Nos paysans n'ont aucune notion du juste et de l'injuste : un assassin qui viendrait à nous frapper *se croirait à l'avance certain de l'impunité.*

. . . .

C'est dans ces circonstances que je crus devoir demander à M. Pierre-Napoléon Bonaparte une réparation par les armes.

En même temps que je satisfaisais, ce faisant, aux justes susceptibilités de tout homme d'honneur en présence d'une insulte personnelle ou collective, je pensais mettre un terme rapide et définitif aux menaces de mort de M. Pierre-Napoléon Bonaparte et adopter la solution la plus simple pour tout le monde.

J'ai donc écrit à mes amis Ulric de Fonvielle et Victor Noir pour les charger de se présenter en mon nom chez M. Pierre Bonaparte; j'ai pris rendez-vous pour ce matin avec eux, et un peu après midi, insouciants, presque gais, nous sommes partis.

En entrant à Auteuil nous avons rencontré Georges Sauton, qui se promenait en cherchant une maison à louer.

« Venez avec nous, lui ai-je dit, vous me tiendrez compagnie pendant que nos amis s'entendront avec M. Pierre-Napoléon Bonaparte. »

Nous sommes arrivés au n° 59 de la rue d'Auteuil. La voiture s'est arrêtée.

Ulric de Fonvielle et Victor Noir sont entrés dans la maison.

Georges Sauton et moi, nous attendions le résultat de l'entrevue; nous allions de long en large dans une rue qui fait face à la maison Bonaparte; nous causions en fumant.

Tout à coup, un quart d'heure à peine après que nos amis nous avaient quittés, nous voyons Victor Noir apparaître sur le pas de la porte cochère, et s'abattre sur le trottoir, la tête en avant.

Je crois à une chute accidentelle.

Je me précipite, et Georges Sauton avec moi.

Victor Noir ne se relève pas.

Deux laquais qui fument devant la porte ne bougent pas.

Au même instant Ulric de Fonvielle arrive à son tour criant : *A l'assassin !*

Je me précipite sur mon pauvre Victor Noir, j'ouvre son gilet, sa chemise est tachée de sang, sur sa poitrine un petit trou noir au niveau du cœur est à peine apparent. Les yeux sont éteints; son pouls ne bat déjà plus; ses lèvres sont violettes et bordées d'écume.

La foule s'est amassée : aidés de quelques hommes de bonne volonté, nous transportons notre malheureux ami à la pharmacie voisine.

A peine déposé sur le parquet de la pharmacie, il expire.

Un médecin appelé en toute hâte ne peut rien faire que constater la mort.

La police, représentée par sept ou huit sergents de ville, reste absolumeut passive, — sur la nouvelle que l'auteur du meurtre est un Bonaparte.

En vain, je demande à tous les agents un commissaire chargé de faire les constatations. Aucun ne paraît en humeur de l'aller chercher.

Un citoyen me dit que le commissaire de police est à Passy; il m'offre de prendre mon fiacre et d'aller le chercher.

Une heure se passe : nous, en présence du cadavre de cet enfant, tout à l'heure si plein de vie, de force et de verve; la foule, pressée aux vitres de la pharmacie et mal contenue par les agents.

Enfin le fiacre revient. Il amène le docteur Pinel, chargé des constatations médico-légales, et avec lui... le commissaire? Non, le secrétaire du commissariat.

Le commissaire de police a couru à Paris prendre les ordres des Tuileries...

M. le docteur Pinel procède aux constatations. La balle a pénétré horizontalement dans la région du cœur; la victime étant debout : elle a donné lieu à un épanchement dans le péricarde, épanchement qui a mis quelques instants à se former et à arrêter les contractions du cœur. La mort n'a dû survenir que deux ou trois minutes après le coup de feu.

Comme le docteur Pinel achève sa constatation, le médecin de la maison Bonaparte vient le chercher. Il s'agirait de constater que M. Pierre-Napoléon Bonaparte a reçu récemment un soufflet.

Le docteur Pinel revient après quelques instants. Il n'a pu, nous dit-il, trouver sur la joue de l'assassin aucune trace de soufflet; mais il a constaté à la région mastoïdienne, côté gauche, dudit assassin, une petite contusion qui peut être rapportée à une cause quelconque, autre que le choc d'une main.

M. Pierre-Napoléon Bonaparte était, ajoute le docteur, dans un état d'exaltation extrême.

Il a lui-même raconté la scène au docteur Pinel, et son récit est entièrement conforme à celui de mon cher ami Fonvielle. Il avoue avoir tiré trois coups de révolver, sans provocation. Le témoignage du docteur Pinel, qui a recueilli les premiers aveux échappés au trouble du meurtrier, est ici de la plus haute importance.

Il est huit heures du soir, le commissaire de police n'a pas encore paru.

Paschal GROUSSET.

Ici se place naturellement l'épisode de l'arrivée, à Auteuil, de MM. Millière et Arthur Arnould, témoins délégués de M. Rochefort auprès du prince Bonaparte, ainsi qu'il a été déjà expliqué.

Arrivés à vingt pas du domicile de M. Bonaparte, disent-ils dans leur déclaration, leur voiture fut arrêtée par une foule assez nombreuse de laquelle sortirent M. Georges Sauton et un médecin leur criant :

« N'allez pas plus loin ! — on assassine là-dedans ! — Victor Noir vient d'être tué !

— Raison de plus ! » s'écria M. Millière, qui s'élance avec M. Arthur Arnould vers la porte de la maison, dont ils furent arrachés par la foule.

Plusieurs personnes, informées par M. Georges Sauton que MM. Millière et Arthur Arnould étaient les témoins de M. Rochefort, s'écrièrent au même instant :

« On ne se bat pas avec un assassin ! »

MM. Millière et Arthur Arnould se retournèrent alors vers la foule, et l'engagèrent énergiquement à les suivre pour enfoncer la porte et s'emparer du meurtrier.

Mais cette foule était composée en majeure partie de femmes qui ne pouvaient exprimer leur indignation que par des paroles.

Quelques minutes après, ayant compris, au milieu des explications confuses qu'on leur donnait, qu'un commissaire de police était venu, mais simplement pour constater le décès de Victor Noir et non pour arrêter l'assassin Bonaparte, MM. Millière et Arthur Arnould résolurent de se rendre au Corps législatif pour informer M. Rochefort du double attentat consommé sur deux rédacteurs de la *Marseillaise*, et qui les avait empêchés d'accomplir leur mission.

La séance était levée, et M. Rochefort était parti.

Tel est, en ce qui nous concerne, l'exposé fidèle des faits.

Des deux hommes entrés, il y a à peine un quart d'heure au n° 59 de la rue d'Auteuil, un, le plus fort, le plus jeune, vient de s'affaisser lourdement sur le seuil, en fuyant cette maison désormais maudite.

L'autre se précipite bientôt à son tour, affolé, les cheveux en désordre, son paletot criblé de balles, en criant : A l'assassin! on assassine dans cette maison !

Des coups de feu ont retenti.

Il y a là un cadavre ; M. de Fonvielle porte les traces évidentes de balles qui ont percé ses vêtements.

Un homicide a été commis, c'est malheureusement incontestable, une tentative d'homicide a suivi, cela est non moins certain.

Y a-t-il eu meurtre ?

Y a-t-il eu assassinat prémédité ?

Y a-t-il eu homicide par imprudence ?

Ou enfin, seulement mort d'homme, dans un cas de légitime défense ?

Questions brûlantes que le public a brutalement résolues contre Pierre Bonaparte.

Sans méconnaître le vieil adage :

Vox populi, vox Dei,

Notre devoir est de nous borner, quant à présent, à rapporter les déclarations énergiques de M. de Fonvielle, et aussi la défense qu'à immédiatement présentée l'inculpé.

D'abord, écoutons M. Ulric de Fonvielle.

Le 10 janvier 1870, à une heure, nous nous sommes rendus, Victor Noir et moi, chez le prince Pierre Bona-

parte, rue d'Auteuil, 59; nous étions envoyés par M. Paschal Grousset, pour demander au prince Pierre Bonaparte raison d'articles injurieux contre M. Paschal Grousset, publiés dans l'*Avenir de la Corse*.

Nous remîmes nos cartes à deux domestiques qui se trouvaient sur la porte, on nous fit entrer dans un petit parloir au rez-de-chaussée, à droite. Puis, au bout de quelques minutes, on nous fit monter au premier étage, traverser une salle d'armes, et enfin pénétrer dans un salon.

Une porte s'ouvrit, et M. Pierre Bonaparte entra.

Nous nous avançâmes vers lui, et les paroles suivantes furent échangée entre nous :

« — Monsieur, nous venons de la part de M. Paschal Grousset vous remettre une lettre.

« — Vous ne venez donc pas de la part de M. Rochefort, et vous n'êtes pas de ses manœuvres ?

« — Monsieur, nous venons pour une autre affaire, et je vous prie de prendre connaissance de cette lettre. »

Je lui tendis la lettre; il s'approcha d'une fenêtre pour la lire. Il la lut et, après l'avoir froissée dans ses mains, il revint vers nous.

« — J'ai provoqué M. Rochefort, dit-il, parce qu'il est le porte-drapeau de la crapule. Quant à M. Grousset je n'ai rien à lui répondre. Est-ce que vous êtes solidaires de ces CHAROGNES ?

« — Monsieur, lui répondis-je, nous venons chez vous, loyalement et courtoisement, remplir le mandat que nous a confié notre ami.

« — Êtes-vous solidaire de ces misérables ? »

Victor Noir lui répondit :

« Nous sommes solidaires de nos amis. »

Alors, s'avançant subitement d'un pas, et sans provocation de notre part, le prince Bonaparte donna, de la main gauche, un soufflet à Victor Noir, et en même temps il tira un revolver à dix coups qu'il tenait caché et tout armé dans sa poche, et fit feu à bout portant sur Noir.

Noir bondit sous le coup, appuya ses deux mains sur sa poitrine, et s'enfonça dans la porte par où nous étions entrés.

Le lâche assassin se précipita alors sur moi, et me tira un coup de feu à bout portant.

Je saisis alors un pistolet que j'avais dans ma poche,

et pendant que je cherchais à le sortir de son étui, le misérable se rua sur moi; mais lorsqu'il me vit armé il recula, se mit devant la porte, et me visa.

Ce fut alors que, comprenant le guet-apens dans lequel nous étions tombés, et me rendant compte que, si je tirais un coup de feu, on ne manquerait pas de dire que nous avions été les agresseurs, j'ouvris une porte qui se trouvait derrière moi, et je me précipitai en criant à l'assassin.

Au moment où je sortais, un second coup de feu partit et traversa de nouveau mon paletot.

Dans la rue, je trouvai Noir qui avait eu la force de descendre l'escalier, — et qui expirait....

Voilà les faits tels qu'ils se sont passés, et j'attends de ce crime une justice prompte et exemplaire.

Ulric DE FONVIELLE.

Voyons maintenant la narration du prince, telle qu'il l'a préparée et rédigée, après avoir adressé la lettre que l'on sait, au secrétaire de l'Empereur, déclaration écrite de sa main, afin sans doute d'en bien préciser les termes, et de les rappeler textuellement lors des interrogatoires qu'il sait bien devoir subir. Les contradictions, sont en effet, chose terrible en général pour un accusé.

« Ils se sont présentés, d'un air menaçant, a écrit le prince, les mains dans les poches; ils m'ont remis la lettre que voici :

« Paris le 9 janvier 1870.

« A messieurs Ulric de Fonvielle et Victor Noir,
   « rédacteurs de la *Marseillaise*.

« Mes chers amis,

« Voici un article récemment publié, avec la signature de M. Pierre-Napoléon Bonaparte, et où se trouvent, à l'adresse des rédacteurs de la *Revanche*, journal démocratique de la Corse, les insultes les plus grossières.

« Je suis l'un des rédacteurs fondateurs de la *Revanche*, que j'ai mission de représenter à Paris.

« Je vous prie, mes chers amis, de vouloir bien vous présenter en mon nom chez M. Pierre Bonaparte, et lui demander la réparation qu'aucun homme de cœur ne peut refuser dans ces circonstances.

« Croyez-moi, mes chers amis, entièrement à vous.
Signé : PASCHAL GROUSSET.

« Après la lecture de cette lettre, j'ai dit : Avec M. Rochefort, volontiers; avec un de ses manœuvres, non !

« Lisez la lettre, a dit le grand (Victor Noir) d'un ton...

« J'ai répondu : Elle est toute lue; en êtes-vous solidaires ?

« J'avais la main droite dans la poche de mon pantalon, sur mon petit revolver à cinq coups; mon bras gauche était à moitié levé, dans une attitude énergique, lorsque le grand m'a frappé fortement au visage.

« Le petit (M. Ulric de Fonvielle) a tiré de sa poche un pistolet à six coups. J'ai fait deux pas en arrière et j'ai tiré sur celui qui m'avait frappé.

« L'autre s'est accroupi derrière un fauteuil, et de là cherchait à tirer, mais il ne pouvait armer son pistolet. J'ai fait deux pas sur lui et je lui ai tiré un coup qui ne doit pas l'avoir atteint. Alors, il s'est sauvé, et il gagnait la porte. J'aurais pu tirer encore, mais comme il ne m'avait pas frappé, je l'ai laissé aller, bien qu'il eût toujours son pistolet à la main. La porte restait ouverte. Il s'est arrêté dans la chambre voisine, en tournant son pistolet contre moi; je lui ai tiré un autre coup, et enfin il est parti. »

Ce récit est fait par un accusé; il ne nous appartient pas de dire qu'il cèle la vérité, mais nous avons le droit de faire remarquer qu'il est peu vraisemblable, et il n'est pas besoin d'être un juge d'instruction de la force de M. de Gonet pour le démontrer.

Pour la première fois de sa vie, peut-être, Pierre Bonaparte avait la velléité de répondre à des arguments par autre chose que la violence et le révolver, il n'est donc pas étonnant que, faute d'habitude, la logique lui ait fait défaut.

Ce n'est pas un de ses amis, celui dont il sera question bientôt, qui aurait commis pareille maladresse....

Au lieu d'une défense plausible, un demi aveu criminel avait été fait. Bref, la faute était commise; un autre ami, encore plus maladroit, l'avait publiée dans le *Figaro*. — Oh! les amis du *Figaro* !...

S'il était impossible de la réparer entièrement, il fallait néanmoins essayer de *l'arranger*, et dès le lendemain, sans s'en douter, absolument comme M. Jourdain, l'inculpé

Pierre Bonaparte avait non-seulement rédigé là prose d'une nouvelle édition de sa justification, mais encore, de par son ami, Paul de Cassagnac, il l'avait fait parvenir aux journaux bien intentionnés :

« Auteuil, ce lundi soir.

« Ils se sont présentés d'un air menaçant (Ulrich de Fonvielle et Victor Noir), les mains dans les poches. Ils m'ont remis une lettre de M. Paschal Grousset, rédacteur de la *Marseillaise*, à qui je n'ai jamais eu affaire. Cette lettre était une provocation.

« J'ai tout d'abord répondu : J'ai affaire à M. Rochefort et non à ses manœuvres. »

— « Lisez cette lettre, » a dit M. Victor Noir.

— « Elle est toute lue », ai-je répondu. Puis j'ai ajouté : « En êtes-vous solidaires ? »

« Il m'a répondu par un soufflet, et immédiatement M. de Fonvielle, comme pour empêcher toute riposte de ma part, a sorti un pistolet. Me voyant ainsi attaqué et menacé, j'ai rapidement pris un pistolet de poche, et j'ai fait feu sur M. Victor Noir. L'autre, M. de Fonvielle, s'est accroupi derrière un fauteuil, cherchant en vain, tout en m'ajustant, à armer son pistolet. J'ai fait feu sur lui sans résultat.

« Alors, il s'est sauvé, passant devant moi, sans que j'essaie de l'en empêcher, ce qui m'eût été facile ; mais, arrivé derrière la première porte, il m'a ajusté de nouveau. J'ai tiré une troisième balle, que le petit calibre de mon arme a dû également rendre inutile.

« Je me bornerai à ajouter que ces messieurs ont oublié, chez moi, une boîte à pistolet et une canne à épée ; cela suffira à montrer que la lettre de M. Paschal Grousset n'était qu'un prétexte pour m'entraîner dans une embuscade parfaitement préparée. »

Pour nous, le moment n'est pas venu d'apprécier les affirmations et les déclarations respectives de l'accusé et de l'accusateur ; aussi bornons nous à appeler l'attention du lecteur sur les variantes du récit Cassagnac : elles n'ont l'air de rien, mais qu'elles sont habiles et réfléchies !

« *J'avais la main droite dans la poche de* « *mon pantalon,* SUR *mon petit revolver à cinq* « *coups.* » Fait place à : « *J'ai pris rapidement* « *un pistolet de poche ;* » sans dire où on l'a pris.

Il n'y a plus : « *mon bras gauche était à* « *moitié levé, dans une attitude énergique.* »

Cette attitude était bien près de corroborer l'affirmation de M. de Fonvielle : soufflet donné du bras gauche, puis coup de pistolet.

Enfin, ne pouvant revenir sur cet aveu de l'accusé : « Le petit réfugié derrière un fauteuil, » aveu qui, raisonnablement du moins, semble faire sombrer tout l'échafaudage du système de défense de l'accusé, on est bien obligé de le laisser subsister en insistant toutefois sur ce fait que : « le petit, cherchait en vain, tout en l'ajustant, à armer son pistolet. »

Le défenseur officieux de Pierre Bonaparte n'a pas craint d'insinuer d'abord, puis donnant libre cours à son audace naturelle, « sans peur mais non sans reproches » n'a pas craint d'accuser hautement Victor Noir et de Fonvielle de « guet-apens » contre le prince.

C'est aussi absurde que criminellement audacieux. Guet-apens bien maladroit, en tous cas, de la part d'un homme qui, non-seulement avait laissé son révolver dans sa gaîne, mais encore n'a pas su s'armer au moment opportun, où du moins n'en a pas eu la présence d'esprit ni le sang-froid.

Ce n'est pas le prince qui pourrait être soupçonné de ce manque de sang-froid et de présence d'esprit. — Le pauvre Noir ne le sait que trop…

Prince, si vous étiez un simple citoyen, votre système de défense, quel qu'il soit, serait respectable ; et la justice seule aurait le droit de le discuter, mais le hasard de la naissance et un oncle, soldat heureux, vous ont fait prince ; vous auriez dû en conserver les apparences. Nous le disons nettement, nous ne croyons pas à l'accusation formulée, contre vous par l'opinion publique, de guet-apens, du moins contre les témoins de M. Grousset, que vous n'attendiez pas. De même, nous le disons en toute sincérité, nous ne croyons pas au soufflet provocateur de ce grand enfant.

Nous croyons que, malade peut-être, dans tous les cas, mal disposé, irrité par cette nouvelle « affaire » que vous ne prévoyiez pas, qui dérangeait tous vos plans et faisait, peut-être, manquer l'autre — celle de Rochefort — nous pensons, qu'obéissant à votre nature brutale, emportée, vous avez eu un nuage de sang, vous avez fait feu, une fois, deux fois, trois fois!... Vous étiez aveuglé par la colère, et à peine responsable de vos actes; du moins c'était plaidable.

Voilà quelle devait être votre défense : la vérité. Elle était avouable et jusqu'à un certain point, honorable; elle aurait trouvé quelques échos — honorables aussi.— En France, on pardonne assez facilement à la vivacité. Bien des gens auraient dit qu'après tout, vous aviez un peu de trop ce qu'un de vos cousins n'a pas assez...

Vous, sans doute, on vous eût appelé *bravo*, probablement *bandit*, mais ces épithètes, mal sonnantes pour beaucoup, le sont à peine pour les véritables Corses.

Le coup de pistolet aurait toujours été œuvre de *bandit*, mais l'aveu hardi eût été œuvre de prince.

Le coup de pistolet subsiste; et tout le monde répète que le Prince, faisant appel à une vulgaire défense, est devenu un accusé vulgaire.

Quoiqu'il en soit, aux déclarations officielles et officieuses de Pierre Bonaparte, M. de Fonvielle a immédiatement et énergiquement opposé la dénégation ci-après :

« Nous ne pouvons maîtriser notre indignation en voyant la mémoire de notre malheureux frère, lâchement assassiné, souillée par la bave impure du servillisme.

« Aussi, je déclare sur mon honneur, — mon honneur dont personne n'a jamais douté :

« Il est faux que Victor Noir ou moi nous ayons insulté, menacé ou frappé Pierre Bonaparte.

« Il est faux que j'aie menacé le meurtrier de mon pistolet, car je portais alors cette arme enfermée dans son étui dans la poche de mon paletot; ce n'est que lorsque ce sauvage se fut rué sur moi et m'eut tiré à bout portant un coup de feu que je pus saisir mon arme; n'est-il pas évident que si j'eusse eu mon revolver à l'instant où l'assassin tirait sur Noir, je

n'aurais peut-être pas pu sauver mon ami, tant l'agression fut prompte et imprévue, mais je l'aurais vengé sur-le-champ ? N'est-il pas indiscutable aussi que si j'avais tenu Pierre Bonaparte sous mon revolver, il se serait défendu contre moi tout d'abord et n'aurait pas songé à tirer sur Victor Noir, qui était sans armes?

« Il est faux que mon doigt fût pris dans la gâchette de mon pistolet. Si je n'ai pas tiré sur celui qui venait de nous attaquer, mon malheureux ami et moi, avec une incroyable férocité, c'est que, ne pouvant sortir par la porte par laquelle nous étions entrés, puisque l'assassin la gardait; je n'avais que deux objectifs :

« 1° Ménager mes coups pour lutter à outrance dans le cas où je ne trouverais pas d'issue ; 2° ne tirer qu'à la dernière extrémité, afin que l'on ne pût m'accuser d'avoir attaqué le premier notre agresseur.

« Si je me suis abrité derrière un fauteuil, c'est qu'il me fallait tirer mon revolver de son étui et l'armer.

« Il est faux que j'aie été mis un seul moment en état d'arrestation.

« Il est faux que la canne à poignard fût dans les mains de Victor Noir : elle m'appartenait, et je la tenais de la main gauche avec mon chapeau, tandis que de la main droite je remettais la lettre de Paschal Grousset à Pierre Bonaparte.

« Il est faux que Victor Noir fût armé ; le pauvre garçon tenait simplement, ainsi que moi, son chapeau à la main, ce qui démontre d'une manière absolue que nous ne pouvions avoir nos mains dans nos poches.

« Tous ceux qui ont présenté une version contraire à ces déclarations ont menti. »

Un peu plus tard nous aurons occasion de donner notre appréciation sur le rôle présumable des participants à la scène lamentable; nous ne manquerons pas de le faire en toute conscience.

V

L'ARRESTATION

CONVOCATION
DE LA HAUTE COUR DE JUSTICE.

Dès la nouvelle de l'événement, M. le préfet de police et M. le ministre de l'intérieur se sont transportés chez M. le garde des sceaux : là, ils se rencontrèrent avec le M. le procureur général et M. le procureur impérial, qui venaient prendre des ordres.

A l'issue de son entrevue avec les chefs du parquet, M. le préfet de police, pour s'assurer de la personne du prince jusqu'à nouvelle décision, envoya à Auteuil deux capitaines de la garde municipale.

L'ordre d'arrestation fut immédiatement transmis, en même temps qu'une dépêche, à toutes les gares de départ et d'arrivée sur tous les points de la France, pour empêcher toute tentative d'évasion du prince.

A cinq heures et demie, M. Rochefort venait requérir l'arrestation du meurtrier. M. le ministre de la justice ne put que lui donner communication des instructions données.

Ces divers ordres expédiés, M. le garde des sceaux et M. le ministre de l'intérieur se rendirent aux Tuileries pour présenter à l'empereur un décret de convocation immédiate de la Haute-Cour de justice.

Ce décret fut, en effet, signé dans la soirée, et dès le lendemain matin, il était publié par le *Journal officiel* :

Napoléon, etc.,

Vu les rapports qui attribuent au prince Pierre Bonaparte un homicide commis, le 10 janvier 1870, sur la **personne du sieur Victor Noir** ;

Attendu que l'inculpé appartient à notre famille, et que, dès lors, l'instruction doit être faite par la Haute-Cour de justice ;

Vu les articles 1er du sénatus-consulte du 1er juin 1858, 5, 8, 11, 12 et 13 du sénatus-consulte du 10 juillet 1852 ;

Sur la proposition de notre garde des sceaux, ministre de la justice et des cultes ;

Avons décrété et décrétons ce qui suit :

Art. 1er. La chambre des mises en accusation de la Haute-Cour de justice sera convoquée pour statuer sur le fait d'homicide imputé au prince Pierre Bonaparte.

Art. 2. M. le conseiller d'Oms présidera la chambre d'accusation de la Haute-Cour. Les fonctions de procureur général près la Haute-Cour seront remplies par M. Grandperret, procureur général, assisté de M. Bergognié, substitut du procureur général près la Cour impériale.

Art. 3. Notre garde des sceaux, ministre de la justice et des cultes, est chargé de l'exécution du présent décret.

Fait au palais des Tuileries, le 10 janvier 1870,

NAPOLÉON.

Par l'Empereur :

Le garde des sceaux, ministre
de la justice et des cultes,
Emile OLLIVIER.

Le chef du gouvernement français était trop proche parent de celui que la vindicte publique accusait d'un crime aussi lâche qu'épouvantable, pour qu'on ne se hâtât pas de faire connaître au public, l'arrestation de l'inculpé, en même temps qu'il apprendrait le forfait.

Dès le lundi soir à onze heures, les journaux de l'opposition recevaient la missive suivante, émanée du ministère de la justice :

Monsieur le rédacteur,

Je vous prie de vouloir bien insérer dans votre numéro de demain matin, la note suivante :

« Aussitôt que M. le garde des sceaux a appris le fait qui s'est passé à Auteuil, il a ordonné l'arrestation immédiate de M. Pierre-Bonaparte. L'empereur a approuvé cette décision, l'instruction est déjà commencée. »

Veuillez, monsieur le rédacteur, agréer l'assurance de ma considération distinguée.

Le chef du cabinet,
ADELON.

Le *Journal officiel* du lendemain publiait la note suivante :

« En apprenant la nouvelle de l'homicide commis par le prince Pierre Bonaparte, M. le garde des sceaux a aussitôt ordonné son arrestation.

Le prince avait été au-devant de cet ordre en se constituant prisonnier, dès cinq heures, entre les mains du commissaire de police d'Auteuil. Il a été immédiatement conduit à la Conciergerie. »

Etait-il vrai que les mesures prises avaient été rendues inutiles par l'initiative du prince, qui aussitôt s'était lui-même constitué prisonnier? Il avait, en effet, fait appeler le commissaire de police pour se mettre à sa disposition, lui disant qu'il venait de commettre un meurtre et qu'il pouvait l'arrêter immédiatement si c'était son bon plaisir.

M. le commissaire s'était contenté de demander au prince de s'engager sur sa parole à ne point prendre la fuite.

A huit heures, M. le procureur impérial Désarnaut et M. Bernier, juge d'instruction, sont arrivés, 59, Grande-Rue d'Auteuil.

Ils n'ont trouvé là que la princesse entourée de quelques intimes qui s'efforçaient de la consoler et de la rassurer.

Elle déclara à M. Désarnaut que son époux avait été très-affecté de l'événement, qu'il ne croyait pas tout d'abord avoir tué M. Victor Noir, et que lorsqu'il avait acquis la certitude de sa mort, le prince avait paru préoccupé surtout de l'embarras que cette mort allait causer à l'empereur.

Le prince Pierre Bonaparte était, en effet, dit-on, parti pour se constituer prisonnier à la Conciergerie, où il arrivait au moment où les deux capitaines de la garde municipale se présentaient chez lui.

Ses logements y avaient été préparés à l'avance, d'après les ordres transmis à la sûreté.

Le prisonnier a été installé à son arrivée dans la grosse tour où se trouve le salon de M. Grosbon, directeur de la prison, immédiatement à la suite de son cabinet. Le prince a donc par le fait deux pièces à sa disposition.

Il a été écroué comme un simple prévenu, sous mandat de dépôt décerné contre sa personne par M. le juge d'instruction Bernier.

Il est détenu dans la tourelle dite de Montgomery, qui donne sur le quai de l'Horloge.

Le prince a la faculté d'y recevoir sa famille et ses amis; c'est un va et vient continuel, et, grâce à la bienveillance du directeur, dit un journal, les visiteurs n'éprouvent de difficultés d'aucune sorte pour approcher le prisonnier.

La grande préoccupation de Pierre Bonaparte a été, affirme-t-on dans les régions officielles, d'obtenir d'être jugé par la juridiction ordinaire du pays : c'était son désir le plus ardent, si l'on en croit la lettre écrite au *Gaulois* par son ami Paul de Cassagnac, — chevalier de la légion d'honneur, — pour lui transmettre le récit écrit par le prince Bonaparte immédiatement après l'événement :

Monsieur le rédacteur,

Comme ami du prince Pierre-Napoléon Bonaparte, j'ai l'honneur de vous faire savoir qu'il vient, en ma présence, de se constituer prisonnier à la préfecture de police.

De plus, j'ai tout lieu de croire que le prince désire réclamer pour lui la loi commune et la juridiction ordinaire, sans exciper aucunement des dispositions spéciales qui réglementent la situation des divers membres de la famille impériale.

Je joins à ce simple mot le récit de l'événement, tel que le prince l'a écrit immédiatement après.

Veuillez agréer, monsieur, l'assurance de mes sentiments distingués.

PAUL DE CASSAGNAC.

Mais, le chef de l'Etat et M. Ollivier, garde des sceaux, ne furent pas de cet avis.

Etait-ce donc simplement une petite comédie convenue en famille ; *Chi lo sa?*

Quoiqu'il en soit, la haute cour de justice a été convoquée par le décret que nous avons mentionné.

Il faut regretter, écrit M. Eugène Paignon dans la *Liberté*, que les crimes et délits de droit commun soient ainsi soustraits au droit commun. La justice ordinaire doit connaître des crimes et délits ordinaires. Le titre de parent du chef de l'Etat n'est pas une raison pour dispenser de l'observation des lois de l'Etat ; les tribunaux d'exception ne devraient pas être reconnus dans la législation française. Sous ce rapport, le sénatus-consulte du 1er juin 1858, ne tardera pas, sans doute, à disparaître pour faire place au principe qui doit dominer toutes les législations : l'égalité de tous devant la loi.

Mais le prince Pierre Bonaparte, faisant partie de la famille de l'Empereur, était justiciable de la haute Cour de justice, en vertu de l'article 1er du sénatus-consulte des 4-13 juin 1858, ainsi conçu :

La haute Cour de justice organisée par le sénatus-consulte du 10 juillet 1852, connaît des crimes et des délits commis par des princes de la famille impériale et de la famille de l'Empereur, etc...

Quoique nous ne soyons ni jurisconsulte ni juriste, qu'il nous soit cependant permis d'observer ici, que la haute Cour étant un tribunal d'exception, érigé en faveur d'une personne, cette personne a évidemment le droit de renoncer à cette « faveur » et de recourir à la juridiction ordinaire.

Nous estimons donc que les arguments du garde des sceaux étaient tout simplement spécieux.

La chambre des mises en accusation de la haute cour de justice a été immédiatement convoquée par son président, M. d'Oms, pour le mercredi 12 janvier, pour prendre connaissance de la procédure, et pour examiner s'il y avait lieu, au renvoi de l'affaire devant le haut jury.

D'après le décret impérial du 14 novembre 1869, voici les noms des magistrats qui composent pour cette année la chambre des mises en accusation de la haute cour. MM. les conseillers à la cour de cassation d'Oms, Lascoux, Mercier, Woirhaye, Rieff, et deux juges suppléants MM. Guillemard et Moignon, également conseillers à la cour de cassation.

Aux termes du même décret, si elle doit se réunir, la chambre de jugement se compose des cinq conseillers à la cour de cassation dont les noms suivent : MM. Quénault, Zangiacomi, Glandaz, Poulliaude de Carnière et Boucly, et deux juges suppléants : MM. Gastambide et Savary, également conseillers à la cour de cassation.

M. Lascoux, conseiller à la cour de cassation, est désigné pour procéder, comme juge d'instruction, à l'information définitive qui devra saisir la chambre d'accusation.

Sont nommés, greffier de la haute cour : M. Coulon, greffier en chef de la cour de cassation, et greffier adjoint, M. Fauche, greffier à la cour impériale.

VI

LA HAUTE COUR DE JUSTICE

Ce ne sera pas certainement pas sortir de notre sujet que d'expliquer à nos lecteurs ce qu'est la haute cour de justice et l'objet de son institution, les attributions diverses qui lui ont ont été successivement imparties, les formes de procéder particulières et les dispositions de droit commun qu'elle doit appliquer.

Ecoutons ce qu'en disent les journaux spéciaux, le *Droit* et *la Gazette des Tribunaux*.

Sa création première se trouve dans la Constitution de 1848, dont l'article 91 lui donnait pour attribution de juger sans appel ni recours en cassat on : 1° Les accusations portées par l'Assemblée nationale contre le président de la République ou ses ministres : 2° toutes personnes prévenues de crimes, attentats ou complots contre la sûreté intérieure ou extérieure de l'Etat, que l'Assemhlée nationale aurait renvoyées devant elle. La haute cour ne pouvait être saisie que par un décret de l'assemblée nationale désignant la ville où la cour tiendrait ses séances.

La constitution de 1852 rappela, en les modifiant, ces dispositions de la constitution de 1848, par son article 54 ainsi conçu :

Une haute cour de justice juge sans appel ni recours en cassation toutes personnes qui auront été renvoyées devant elle comme prévenues de crimes, attentats ou complots contre le président de la République et contre la sûreté intérieure ou extérieure de l'Etat. Elle ne peut être saisie qu'en vertu d'un décret du président de la République.

La haute cour, instituée et réinstituée par les deux constitutions de 1848 et de 1852, fut organisée par un sénatus-consulte du 10 juillet 1852, qui, en maintenant les attributions établies par l'article 54 de la constitution de 1852, régla la composition de la cour et le mode de procéder qui devait y être suivi. C'est la réglementation actuellement en vigueur; en voici les dispositions principales :

La haute cour juge, sans appel ni recours en cassation, toutes personnes qui sont renvoyées devant elle comme prévenues de crimes, attentats ou complots contre l'Empereur et contre la sûreté intérieure ou extérieure de l'Etat; elle ne peut être saisie qu'en vertu d'un décret de l'Empereur. Elle se compose : 1° d'une chambre des mises en accusation et d'une chambre de jugement formées de juges pris parmi les membres de la cour de cassation; 2° d'un haut jury pris parmi les membres des conseils généraux des départements.

Chaque chambre est composée de cinq juges et deux suppléants. Les juges et juges suppléants de chaque chambre sont nommés tous les ans, dans la première quinzaine de novembre, par l'Empereur.

Le décret de l'Empereur qui saisit la haute cour désigne, parmi les juges de chaque chambre, celui qui doit la présider.

Le procureur général près la haute cour de justice et les [autres magistrats du ministère public sont nommés pour chaque affaire par le décret de l'Empereur qui saisit la haute cour. En cas de convocation, le président de chaque chambre désigne un greffier, qui prête serment.

Quand la poursuite concerne un prince de la famille impériale ou de la famille de l'Empereur, les ministres, les grands officiers de la couronne, les grand'croix de la Légion d'honneur, les ambassadeurs, les sénateurs, les conseillers d'Etat, il est procédé conformément aux articlet 1er et suivants du décret du 4 juin 1868, relatif à la compétence de la haute cour de justice. Aux termes du premier de ces articles, la haute cour connaît des crimes et des délits commis par les personnes qui viennent d'être dénommées, lesquelles, toutefois, si elles sont poursuivies pour faits relatifs au service militaire, demeurent justiciables des juridictions militaires, conformément aux codes de justice militaire pour les armées de terre et de mer. L'article 2 dispose que si la poursuite a pour objet un délitt il est procédé conformément aux articles 11, 12 § 1 et 2, 13 et 14 du sénatus-consulte du 10 juillet 1852, mais que, dans ce cas, la chambre de jugement statue sans l'assistance du jury et

seulement avec l'adjonction du premier président de la cour de cassation, qui la préside, et des trois présidents de chambre de la même cour, ou, à défaut de ceux-ci, des conseillers qui remplissent leurs fonctions, etc., etc.

Le haut jury, pris comme on l'a dit plus haut, parmi les membres des conseils généraux des départements, se compose de trente-six jurés titulaires et de quatre jurés suppléants.

Lorsqu'un décret de l'Empereur a saisi la haute cour de justice de la connaissance d'une affaire, la chambre des mises en accusation de la haute cour entre immédiatement en fonctions. C'est elle qui fait l'instruction de l'affaire. Elle peut, en vertu du droit commun, déléguer tout magistrat ou officier de police judiciaire pour procéder à l'instruction. Sa juridiction s'étend sur tout le territoire de l'Empire. Elle procède selon les dispositions du Code d'instruction criminelle. Si le fait ne constitue pas un crime de la compétence de la haute cour, elle ordonne le renvoi devant le juge compétent, qu'elle désigne. Ses arrêts sont attributifs de juridictions et ne sont susceptibles, nous l'avons · dit, d'aucun recours. Si la chambre des mises en accusation prononce le renvoi devant la chambre de jugement, l'Empereur convoque cette chambre, fixe le lieu des séances et le jour de l'ouverture des débats.

Dans les dix jours qui suivent le décret de convocation, le premier président de la Cour impériale, et, à défaut de Cour impériale, le président du Tribunal de première instance du chef-lieu judiciaire du département, tire au sort, en audience publique, le nom de celui des membres du Conseil général qui doit faire partie du haut-jury. Les fonctions de haut-juré sont incompatibles avec celles de ministre, sénateur, député au Corps législatif, membre du Conseil d'État. Les incompatibilités, incapacités et excuses résultant des lois sur le jury sont applicables aux jurés près la Haute-Cour.

Les dispositions, formes et délais prescrits par le Code d'instruction criminelle, non contraires à la Constitution et au sénatus-consulte qui a organisé la Haute-Cour, sont observés devant elle. Au jour indiqué pour le jugement, s'il y a moins de soixante-douze jurés présents, le nombre est complété par des jurés supplémentaires tirés au sort par le président de la Haute-Cour parmi les membres du Conseil général du département où elle siége. Ne peut point faire partie du haut-jury le membre du Conseil général qui a rempli les mêmes fonctions depuis moins de deux ans. Le haut-juré absent, sans excuse valable, peut être condamné à une amende de 1,000 à 10,000 fr., et à la privation de ses droits politiques pendant un an au moins et cinq ans au plus.

Les accusés et le ministère public exercent le droit de récusation, conformément aux lois sur le jury.

La déclaration du haut-jury portant que l'accusé est coupable, et sa déclaration portant qu'il existe en faveur de l'accusé reconnu coupable des circonstances atténuantes, doivent être rendues à la majorité de plus de vingt voix. Les peines sont prononcées conformément aux dispositions du Code pénal.

Telle est la législation qui régit la Haute-Cour de justice.

Le décret rendu par l'Empereur procède par application des art. 1er du sénatus-consulte du 4 juin 1858 et 5, 8, 11 et 13 du sénatus-consulte organique du 10 juin 1852; il saisit la Haute-Cour du fait d'homicide imputé au prince Pierre-Napoléon Bonarparte, et désigne, tout d'abord, le président de la chambre des mises en accusation, en la personne de M. le conseiller d'Oms, et les magistrats du ministère public en la personne de M. le procureur général Grandperret et de M. le substitut Bergognié.

M. d'Oms est le magistrat qui présidait à Toulouse, le 24 février 1848, la Cour d'assises de la Haute-Garonne, dans l'affaire Léotade, lorsque la nouvelle de la proclamation de la République parvint à l'audience. On se rappelle que l'affaire fut renvoyée à une autre session.

Aucune Haute-Cour de justice n'a été convoquée en France depuis le 13 juin 1849. On se rappelle qu'elle a siégé à cette date, pour juger l'affaire du 13 mai, et que les débats ont duré trente-et-un jours. Sous Louis-Philippe, c'était la chambre des Pairs qui se constituait en Haute-Cour de justice.

Des propos malveillants ou tout au moins émanant de gens mal informés, faisaient supposer que la famille de la victime se porterait partie civile au procès et demanderait un chiffre élevé de dommages-intérêts.

Il est vrai que la famille Salmon-Noir se portera partie civile et interviendra au procès, non pour demander un chiffre élevé de dommages-intérêts, mais bien pour avoir le droit de suivre, surveiller l'instruction et les débats, citer et faire entendre les témoins qu'elle jugera nécessaire. — « Elle veut pouvoir défendre son mort et sa mémoire, contre toutes attaques et de quelque part qu'elles viennent.

Voilà la vérité que nous tenons de source certaine; et afin qu'il ne puisse y avoir aucun malentendu à cet égard, M. Louis Noir a cru devoir adresser la lettre suivante aux principaux journaux :

Monsieur le rédacteur en chef.

Je viens vous prier d'insérer dans votre prochain numéro que mon père, et moi, nous nous portons partie civile.

Mais nous concluons à *un franc* de dommages-intérêts; contrairement à certains bruits de pension, nous ne voulons que cette somme et point d'autre.

Nous n'osons pas demander à M. Ledru-Rollin et à M. Grévy, comme bâtonnier de l'ordre des avocats, de plaider ce procès, ne sachant si cette proposition leur serait agréable; mais nous serions heureux si ces messieurs voulaient bien accepter.

Agréez, etc.

LOUIS NOIR.

Sans nul doute, MM. Grévy et Ledru-Rollin, aussi grands citoyens, qu'éloquents avocats se feront un honneur et un devoir de prêter le concours de leur talent à cette intéressante cause.

M. Grévy serait chargé spécialement de plaider les circonstances de l'homicide commis, de défendre la victime.

— Et Ledru Rollin, que plaidera-t-il? demandait-on à ce propos.

— Ledru-Rollin, répondit quelqu'un en souriant malicieusement, Ledru-Rollin plaidera... pour la République.

Ce pourrait bien être.

Coïncidence singulière ! Ledru-Rollin, un des rares condamnés de la haute Cour de justice, subit vingt années d'exil par suite de cette condamnation, et son premier acte à son retour d'exil, sera de paraître comme avocat à la barre de la haute Cour; ses premières paroles seront une accusation contre un des membres de la famille Bonaparte qui, deux fois, a fait sombrer sous elle la République Française, et a institué le Tribunal d'exception dont lui, Ledru-Rollin, a été une des premières et principales victimes.

L'instruction de l'affaire confiée aux soins de M. le conseiller d'Oms n'est ni aussi rapide ni aussi sommaire qu'on le supposait. De nombreux témoins sont entendus; des descentes de justice ont été opérées sur le lieu du meurtre; une enquête très-sérieuse semble être faite.

Aussi, malgré l'impatience de l'opinion publique, quelque diligence qui puisse être faite, et surtout à cause des délais matériellement indispensables pour la convocation du jury de la haute Cour, ces graves débats ne pourront guère commencer avant le 15 février.

VII

LES FUNÉRAILLES

Nous allons raconter l'événement en empruntant, pour être plus véridiques, les récits des personnes mêmes qui se trouvaient sur les lieux, récits que nous soutenons vrais, par nous-même, qui avons également vu et entendu.

Mais, au préalable, reprenons la suite des faits.

Le corps inanimé de Victor Noir avait été provisoirement déposé dans un cabinet attenant à la boutique de M. Mortreux, pharmacien, où il venait d'expirer sans avoir pu faire entendre une parole. M. de Fonvielle et ses amis s'occupèrent alors de prévenir la famille, et de remplir les devoirs dus à la malheureuse victime. On plaça le mort sur un brancard pour le transporter dans son domicile à Neuilly, et une foule nombreuse suivit ce funèbre cortége.

A six heures du soir, le mort était dans cette chambre, où tout ce qu'il avait laissé portait l'empreinte de l'activité et de la jeunesse. Quand on l'étendit sur son lit, on ne vit plus qu'une blessure, légère en apparence : c'est par là qu'était passée la balle, et par là que la vie s'en était allée.

« Nous avions connu Victor Noir vivant,
« écrit un de ses amis, nous avons voulu le
« voir mort.

« Nous n'oublierons jamais ce spectacle.

« Il est étendu sur son lit, dans sa chambre
« de garçon, pâle, mais ayant conservé cet
« air de vie exubérante et de force que nous
« lui avons connu.

« Il a encore ses vêtements, ses mains portent les gants noirs du témoin, sa chemise
« ensanglantée est entr'ouverte sur sa poi-
« trine. Elle est percée en plein cœur par la
« balle.

« La petitesse de la blessure contraste avec
« la puissance sculpturale de ce corps d'athlète.

« La figure est calme, les yeux à demi fer-
« més, la bouche presque souriante. »

La nouvelle fut terrible pour cette famille dont Victor Noir était adoré. Son frère, Louis Noir, restait anéanti. Sous le poids de sa douleur, il était obligé de répondre aux innombrables témoignages de sympathie que chacun venait lui apporter. Un moment, il parut ne plus rien savoir de ce qui se passait autour de lui : il laissait tout dire et voyait tout le monde sans prendre de décision, les yeux fixés sur le corps inanimé de son pauvre Victor. C'est le propre des natures fortement trempées de sentir vivement, mais de résister aux plus rudes coups. Ce frère désolé ne tarda pas à donner aux siens l'exemple du courage dont ils avaient tant besoin. Dans un élan d'indignation il eut, le premier, la pensée de porter le corps de son frère aux bureaux de la *Marseillaise*. Tout Paris le verrait, et la vengeance peut-être suivrait de près l'attentat. Mais, cédant à des idées plus douces, il ne songea bientôt plus qu'aux devoirs dus à son mort, aux victimes nouvelles que pourrait faire un mouvement politique, aux scènes sanglantes qui se produiraient sur le cercueil de son frère; et pour répondre à l'affliction profonde de tous les siens, il s'arrêta à la résolution de faire célébrer à Neuilly de paisibles funérailles.

Pendant toute la nuit du lundi au mardi, les amis de Viclor Noïr voulurent le veiller et assister, dans ce moment suprême, son frère inconsolable, qui ne pouvait s'éloigner de ce sombre tableau. Voulant conserver de lui ce que la nature ne pourrait lui enlever, la famille a fait mouler le visage du pauvre mort. Dès le matin, le photographe Carjat, Gill le peintre-caricaturiste célèbre, d'autres artistes encore eurent à cœur de reproduire les traits de la victime. Son portrait, le moulage de ses traits furent exécutés avec le plus grand soin et avec une rare perfection : un des portraits représente Victor tel qu'il était au moment de la mort, les yeux à demi fermés et la lèvre encore frémissante. La chemise est ensanglantée et entr'ouverte, et la plaie béante. C'est l'horrible réalité prise sur le vif.

De toutes parts on est venu visiter la modeste alcôve. Chacun voulait dire un dernier adieu à cet excellent camarade, qu'on retrouvait sans vie dans cette petite demeure de garçon qu'il savait rendre si gaie la veille encore. Tous ceux qui savent tenir un crayon ont cherché à reproduire ses traits. MM. Gill et Lemot, notamment, ont rendu cette scène navrante dans un portrait fort ressemblant.

Toute la journée la procession d'amis, d'étudiants, d'onvriers, continua; tout le monde voulait contempler une dernière fois les traits de l'infortuné. Ils étaient déjà bien changés : l'opération légale de l'autopsie avait été faite par le docteur Tardieu; la balle, après avoir fait ses terribles ravages, s'était logée près des reins. Il avait fallu l'extraire devant le juge d'instruction et faire pénétrer le froid scalpel dans ce beau corps de vingt et un ans, si plein de vie quelques heures avant. La mort aussi avait cruellement exercé ses ravages; et quand il fallut voiler, à jamais, ce visage aimé, elle avait bien pris possession de sa victime.

Victor Noir n'était plus désormais qu'un cadavre, qu'il fallait rendre à la terre.

Dès le matin du mercredi, on avait vu des groupes nombreux partir de tous les points de Paris et des barrières les plus éloignées. Ces groupes venaient se confondre aux Champs-Élysées. Une masse énorme de population se formait, grossissant à chaque rue, à chaque boulevard, s'avançant en silence dans la direction de Neuilly.

Les obsèques devaient avoir lieu à deux heures : dès dix heures, l'affluence était déjà considérable. Les ateliers avait été désertés; à midi, une colonne d'étudiants avait quitté la rive gauche dans une attitude calme et digne.

Les Champs-Élysées, cette vaste promenade des oisifs et des élégants, étaient rapidement parcourus par des corporations ouvrières, marchant sans bruit et en bon ordre, puis par des personnes de tous rangs. Tous semblaient obéir à une pensée commune et en proie à une vive émotion. Malgré une pluie battante mêlée d'ouragan, cette foule augmente de minute en minute; on est transpercé, les parapluies ne préservent plus, mais on marche toujours. Un certain nombre de boutiques sont fermées; sur quelques unes on lit ces mots : *fermée pour cause de deuil public.*

Les postes de l'octroi sont occupés par les sergents de ville. Ils se sont arrêtés là, gardant les barrières, prêts à opposer, s'il le faut, une vive résistance, mais ayant le bon goût de se tenir éloignés de cette foule immense, dont il était sage de ne pas augmenter l'irritation. Ils sont d'ailleurs flanqués de gardes de Paris. Jusque là ils sont muets; et ce qui assure d'avance que le calme présidera à la cérémonie, c'est que dans cette mer de têtes, mer houleuse et frémissante, qui couvre les grandes voies nouvellement ouvertes dans Neuilly, on n'aperçoit pas un agent.

Ce peuple de Paris, si calomnié, donne une fois de plus la preuve qu'il peut se garder lui-même. Quelle police utilement et plus équitablement faite ! Respect absolu des personnes et des propriétés publiques ou privées! Pas une querelle ne s'élève dans ces moments solennels, une idée commune dirige toutes les consciences, tous les cœurs battent à l'unisson.

Deux cent mille personnes sont là, les vêtements humides de pluie et les pieds dans la boue : les plus agiles grimpent sur les grilles, sur les réverbères, se mettent à cheval sur les murs à angles aigus, qu'ils couronnent bientôt dans toute leur étendue, ou se suspendent en grappes aux arbres des avenues. On attend : jamais le passage d'un souverain mort ou vivant n'inspira plus d'intérêt, jamais surtout autant de sympathie, que ce convoi funèbre d'un enfant du peuple.

La petite maison de l'impasse Masséna, habitée par le frère du défunt, avait été indiquée pour le rendez-vous mortuaire des parents, des confrères, des nombreux amis.

La maison en est toute pleine, écrit l'un d'eux.

La première pièce est un atelier de peintre ; une bibliothèque, une table de travail, tels sont les meubles, pendus aux murs, quelques tableaux, des gravures, des fleurets et des masques d'escrime. Détails curieux, une tête de mort, une autre tête peinte, une gravure allemande représentant aussi la mort ; ces trois sinistres ornements sautent d'abord aux yeux.

La chambre mortuaire est d'une lugubre simplicité.

Un lit en fer et pas autre chose.

Sur le lit le cadavre est étendu, dépouillé d'une partie de ses vêtements, qui couvrent les jambes. La main droite est restée gantée.

La chemise, ensanglantée, est ouverte et laisse voir la poitrine. Au-dessous du sein gauche, une petite plaie de la largeur d'un centime. Le cœur est-là. C'est la balle du prince. C'est la mort.

Le visage respire encore un air de défi. La narine dilatée, la bouche entr'ouverte donnent à cette physionomie pâle un aspect étrange. Victor Noir était brave. Son cadavre le dit. Une moustache naissante ombrage sa lèvre supérieure.

Quelques paroles de vengeance se font entendre.

— Silence devant la mort ! dit une voix.

A côté du lit, une échelle double est posée ; une plaque de cheminée, appuyée sur les échelons supérieurs, porte une bougie.

Cette lumière unique éclaire d'une façon dramatique le tableau que le crayon de Gill a reproduit.

On amène un enfant. Cinq ans au plus.

C'est le petit Ernest, le neveu de Victor Noir. Il l'adorait..

— Tu vois, lui dit-on, ton oncle dort.

— Ah ! fait l'enfant en regardant avec un curieux effroi.., pour longtemps.

Terminons la phrase de l'enfant, elle est textuelle, elle nous a été rapportée par un témoin de *visu*.

— Oh ! non ! pas pour longtemps, je le verrai dans les nuages.

Cet enfant de cinq ans ignore la mort, il ne sait ce que c'est, mais il en a l'instinct :

— Désormais il verra son oncle dans les nuages !

Ses petits yeux intelligents et doux sont rougis par les larmes, il est triste comme un enfant qui n'a pas joué depuis trois jours...

Il donne la main et il sourit à tous ceux qu'il a vus hier avec son bon Victor, qu'il ne doit plus revoir.

A quelques pas de son enfant, madame Louis Noir, pâle, brisée, contenue, mais héroïquement debout. Et Louis Noir ? désolé, mais fort. Un frère, mais un homme. Un deuil qui vous enveloppe et vous étreint, une douleur irrémédiable, mais un courage qui est à la hauteur de cette douleur et de ce deuil.

Dans les chambres et dans le petit jardin, à la porte, dans le vestibule, partout, des flots d'amis qui se pressent et se succèdent.

Cependant, au dehors, la foule grossit toujours. Plus de cent vingt mille personnes. Tout un peuple, le peuple de Paris.

Pendant les heures d'attente, se passaient tour à tour des scènes terribles ou attendrissantes : M. Ulrich de Fonvielle reconnu par la foule, fut une seconde fois sur le point de perdre la vie. Dans un enthousiasme fébrile, on l'acclame, on veut le porter en triomphe ; mais il se sent étouffé par le flot grossissant, et ce n'est qu'à grand-peine qu'il peut s'arracher à cette étreinte, en laissant en lambeaux ce même vêtement qui portait déjà la déchirure des deux balles reçues chez Bonaparte.

A la maison mortuaire, se passait une scène touchante : Dans un petit jardin attenant à la cour de la maison, un groupe de trois ou quatre dames en deuil s'efforçait de calmer mais sans y parvenir, le petit Ernest pleurant toujours à chaudes larmes; il pleure et il trépigne...

Quelques amis se sont approchés de ce groupe attendrissant, parmi lequel, madame Louis Noir, et l'exhortent à paraître devant cette foule irritée; ils se disent que le spectacle de ces femmes en larmes et de cet enfant marchant devant le cercueil, lui fera faire place.

Les femmes les suivent avec résignation, mais le pauvre enfant éclate en sanglots et en cris désespérés :

— Non, je ne veux pas aller là.

On apaise l'enfant et l'on renonce à l'idée d'employer ce moyen suprême de pacification.

Continuons notre narration de deuil :

Le ciel s'était éclairci, le soleil avait chassé les nuages, et semblait vouloir éclairer de ses plus purs rayons cette cérémonie importante : il fallait en profiter.

La veille, la famille et les amis avaient agité cette question brûlante :

Le conduirons-nous à Paris, comme ses amis le désirent?

La préfecture de police avait prévu la question, et l'avait arbitrairement résolue.

Par ordre, l'enterrement devait avoir lieu extra-muros, défense absolue d'entrer dans Paris. Il était évident qu'on redoutait des manifestations tumultueuses, et qu'on voulait à tout prix les éviter; nous verrons plus loin quelles mesures ont été prises, et quel luxe de précaution, pour que rien ne pût troubler la tranquillité publique.

Le déploiement de forces de mercredi trahit de la part du gouvernement des craintes sérieuses; et si l'on en croit le *Moniteur*, la Chambre n'aurait pas été exempte de préoccupations assez vives.

Pour qui a vu cette foule entièrement désarmée, sans parti pris, sans plan arrêté, il était clair que la *Marseillaise* serait chantée, que des cris de haine et de vengeance seraient poussés contre le meurtrier, il était certain que les cris de vive la République ! et vive Rochefort! se feraient entendre; mais il était non moins certain que la grande majorité de la foule se composait de curieux et de badauds, très-partisans d'entendre applaudir celui-ci et injurier celui-là, mais qui à la première alerte ne seraient pas moins partisans du « sauve qui peut. »

Il y avait quelques gens déterminés, et pas mal de revolvers étaient dissimulés; il pouvait y avoir des collisions partielles, mais s'il ne survenait pas un de ces incidents qui, comme un courant magnétique, électrisent les masses et les poussent, frémissantes, pareilles à l'ouragan, à l'assaut d'un trône et d'une dynastie, il était évident qu'il n'y aurait pas de « journée. »

Nous le répétons, à part quelques centaines d'agitateurs, il serait inexact et injuste d'attribuer à cette foule, comme l'ont fait certaines feuilles dont l'infamie est notoire, d'autres sentiments qu'un regret sincère pour le mort, et d'autre but qu'une protestation généreuse et légitime. A la vue, d'ailleurs, de ce cortége si simple et si imposant, le plus endurci n'eût pu résister à une vive émotion. Il faut faire aussi la part de la colère ; et ceux qui sont payés pour injurier des adversaires, auraient dû se réserver pour d'autres occasions.

Puisque nous avons accepté d'être le narrateur impartial de ces douloureux détails, nous ne devons rien céler de la vérité.

Oui, en présence de cette foule assemblée sous les fenêtres de la chambre mortuaire, en entendant ces cris mille fois répétés :

Le cadavre ! le cadavre ! A Paris ! à Paris ! Vengeance !

Quelques-uns de ceux que l'opinion générale nomme les chefs de l'opposition irréconciliable, ont eu un moment de perplexités terribles, et l'un d'eux devinant et traduisant la pensée de tous, dit résolûment :

— Que faisons-nous? L'occasion est-elle venue? Est-elle propice ?.... Faut-il descendre et nous écrier :

En avant ! suivez-nous...

Mais, n'était-ce pas aller au-devant de la mort, — de la mort ce n'était rien, — mais de la défaite, et alors d'une réaction vertigineuse, insensée, peut-être une nouvelle *Terreur blanche*...

A côté de ce cadavre dans la bière, recouvert du noir linceuil, ils discutèrent ; ils se dirent que, hors Paris, ils seraient obligés, pour y pénétrer, de faire l'assaut de la capitale.

Ils n'avaient pas d'armes ;

Le peuple ne pourrait même pas approcher des grilles des barrières d'octroi, pour s'y cramponner, les arracher et les renverser.

On savait qu'au premier coup de fusil, chassepot, mitraille, et charges de cavalerie « feraient merveille. »

On n'avait pas une chance sur cent...

Force donc était de se résigner encore et s'abstenir.

Cette décision suprême fut prise à l'unanimité, et MM. Rochefort et Delescluze, réputés pour avoir le plus d'autorité sur le peuple, furent chargés de le haranguer et de lui conseiller la résignation et l'attente.

Rochefort avait à peine pu prendre part à la délibération.

Son organisation nerveuse, excitée outre mesure depuis deux jours, la vue, le contact du corps de celui qui était si misérablement mort, à cause de lui et peut-être pour lui. cette surexcitation énorme, inouïe, de tous les instants, avait brisé ses forces et comme paralysé sa nature pourtant si ardente et si tenace.

Ses traits se contractaient et il étouffait ; il avait des spasmes nerveux et des évanouissements.

Cependant, quand il fut chargé par ses amis politiques de parler à la foule, quand on lui donna pour mission de lui dire :

— Tu n'iras pas plus loin, par respect pour cette tombe qui va se refermer...

Il accepta résolument d'être l'interprète et de se porter solidaire d'une décision à laquelle il avait à peine participé ; il prit bravement et résolument son parti.

La foule, à ce moment, dit le *Gaulois*, aperçut à la fenêtre du premier étage, Rochefort accompagné de M. Delescluze. Une acclamation immense, inouïe, sort de ces milliers de poitrines. Un geste du député apaise cette clameur. Un silence solennel se fait, et la voix grave et émue de Rochefort, se fait entendre.

Voici textuellement le discours prononcé par le député de la première circonscription :

« Citoyens,

« En présence d'un événement aussi grave, d'une situation aussi difficile, je comprends qu'il est impossible de conserver la modération que commandent les intérêts de notre belle cause. Des obstacles insurmontables nous attendent à Paris. Le gouvernement, et je le sais de source certaine, le gouvernement a pris des dispositions stratégiques formidables. Il est à peu près impossible de porter le corps de Noir dans Paris. L'ennemi toujours prêt à nous écraser nous attend de pied ferme. Nous sommes en nombre, je suis heureux de le constater, pour le repousser, mais il est armé, et bien armé ; et vous, citoyens, vous ne l'êtes pas !

Ah ! vous ne savez pas que ce serait courir à une mort certaine, car le gouvernement n'attend que ce moment pour en finir à jamais avec la République, déjà forte et bien défendue. Je ne le sais que trop, et j'ai tant de confiance en lui, que je suis venu armé. Je n'ai plus le loisir de sortir autrement après l'assassinat de notre frère par Pierre Bonaparte.

Quant à notre vengeance, nous l'aurons ! L'occasion était aujourd'hui sans pareille, direz-vous, et elle ne se représentera plus. Erreur ! Tous les jours nous en trouverons de plus favorable encore que celle que vous croyez perdre aujourd'hui.

A la force qui s'oppposerait au passage de la liberté nous opposerons d'abord la force du droit, de la justice, et s'il le faut ensuite la force armée.

Quant au gouvernement, nous n'attendons plus de lui satisfaction, nous ne voulons rien de lui, nous ne voulons plus de lui. Jamais un gouvernement sur la pente ne s'est relevé quand il a commencé à glisser. Sa chute est proche, sa chute est fatale ! C'est pourquoi je vous demande patience et calme.

Conduisons notre frère au cimetière de Neuilly et descendons sans trouble dans Paris, la seule manifestation qu'il nous soit possible de faire aujourd'hui ; la manifestation de la rue ne saurait que compromettre la cause de la démocratie radicale. »

Des cris enthousiastes de *Vive Rochefort* accueillent ces paroles, que vient appuyer M. Delescluze dans les termes suivants :

« Citoyens,

« La circonstance qui nous réunit est des plus graves et des plus solennelles, un de nos amis a été assassiné par un des membres de la famille Bonaparte. Il nous faut une vengeance. Nous l'aurons. Mais le guet-apens est dressé. L'ennemi veille aux grilles. Il ne faut pas lui donner prise. (Oui, oui!) Citoyens, notre désir était de porter le corps au Père-Lachaise, mais nous ne le porterons pas.

« Pour la première fois depuis dix-huit ans, le vent souffle dans nos voiles; ne compromettons pas notre cause, la cause de tous les peuples, la cause de la justice. Il faut se conformer aux vœux de la famille de Victor Noir.

« Il faut laisser le convoi se diriger vers le cimetière de Neuilly. » (Non ! Non !)

« Je vous en conjure, s'écriait à son tour le frère de la victime, évitez de nouveaux malheurs! ne donnez point à la force le prétexte de sévir! »

« Nul n'a le droit, répétait Rochefort, de violer les droits de la famille; c'est sans bruit, pacifiquement, qu'il faut conduire notre mort au cimetière de Neuilly, et nulle autre part.

« D'ailleurs, ajouta-t-il, nous n'attendrons point longtemps. Bientôt nous acquerrons un terrain au Père-Lachaise, nous exhumerons notre ami, et nous le conduirons, à travers la ville, au champ de repos que vous aurez choisi. »

A ce moment, on apporte une couronne d'immortelles, autour de laquelle se lisent les mots :

A VICTOR NOIR,

LA DÉMOCRATIE TOULOUSAINE.

Une dépêche reçue le matin même de Toulouse, par M. Delescluze, l'avait chargé de déposer cet hommage des démocrates de cette ville sur le cercueil de Noir.

Mais l'irritation de cette partie de la foule qui paraissait obéir au mot d'ordre de M. Flourens et de M. Vermorel, — de M. Flourens, bien ; mais que diable venait donc faire M. Vermorel, parmi ces démocrates? — ne s'est pas calmée, les cris redoublent avec énergie. Rochefort apparaît pour la troisième fois au bruit des acclamations :

« Citoyens, dit-il, vous ne pouvez pas douter de moi. Je ne reculerai pas.

« Mais nous ne sommes pas armés pour soutenir avec avantage la lutte contre nos ennemis. Nous ne sommes pas suffisamment armés pour la guerre des rues.

« Je vous déclare que je suis décidé à suivre le mouvement qui se produira.

« La route qui conduit au Père-Lachaise, la route que nous voudrions tous prendre, est gardée d'une façon formidable. Pas de témérité stérile, du calme. Allons au cimetière de Neuilly. »

Ces paroles produisirent un effet magique, dit le *Gaulois*, à qui nous empruntons une partie de notre récit, et qu'on sait peu suspect de faveur pour le député de la première circonscription.

Anxieuse, mais soumise à la volonté si énergiquement exprimée par le député, la foule attendit.

Il n'en est pas de même dans le vestibule qui conduit à l'escalier par où doit descendre le cercueil.

Acharné dans sa folle conviction que le corps doit traverser Paris, M. Gustave Flourens a rallié quelques partisans de cette téméraire et absurde opinion ; alors le frère du pauvre Victor, Louis Noir, encore tout écrasé sous le poids de sa douleur, apparaît sur le seuil, et s'adressant au groupe dominé par M. Flourens :

— Quel est l'homme assez audacieux, s'écrie-t-il pâle d'émotion, quand un chef de parti a parlé, pour s'opposer à sa volonté?

Ces sévères paroles, dites gravement, apaisent un moment ce groupe acharné, et nous voyons apparaître le tricorne noir des employés des pompes funèbres.

Le corbillard, qu'on voit de la fenêtre, est au bout de la rue, à deux cents pas environ, et ne peut pas avancer.

M. Louis Noir prend une résolution énergique, il entr'ouvre la grille, et passe avec deux amis, qui crient de toute leur force : « Place au frère de Victor Noir! »

Les rangs s'ouvrent, et M. Louis Noir va prendre à la bride les chevaux du corbillard, pour les conduire jusque devant la grille.

Le cercueil est descendu et porté sur la funèbre voiture. Toute la foule se précipite ; elle se découvre, au défilé, devant la fiancée de M. Victor Noir; elle devient silencieuse et recueillie.

Un cordon rouge est passé de main en main, il s'attache aux coins du cercueil, qui descend lentement l'escalier et arrive enfin dans la cour de la maison mortuaire ; il est jonché de couronnes de fleurs ; d'immenses bouquets de lilas blancs s'élèvent au-dessus des têtes de l'assistance autour de cette bière. La grille est péniblement ouverte pour lui donner accès vers le corbillard, dont la foule a déjà voulu dételer les chevaux.

Ce qui se passa alors est inimaginable. Pour croire à cette cohue, à son exaltation, à ses frissonnements..... il faut avoir été mêlé à elle, ému comme elle.

Peut-être notre récit personnel serait-il taxé d'exagération, Prenons donc celui du *Moniteur universel*, feuille sérieuse et réservée s'il en fut.

. . . .

. . . .

« Nous formons le cercle dans la petite cour ; parmi les personnes qui tiennent le cordon, on remarque MM. Frédéric Thomás, président de la société des gens de lettres, Ernest Hamel, Tony Revillon, Robert Halt, Claretie, Dréo, Willaumé, Ulbach, Sixte Delorme, Robert Hyenne, etc., etc. Ils élèvent les bras pour laisser passer le cercueil qu'ils entourent vivement.

A ce moment se produit un incident inexplicable. Un grand cheval dételé rue dans la cour, quelques groupes reculent, on craint que le cercueil ne soit renversé. Une vigoureuse mêlée s'engage près de la grille.

MM. Rochefort et Delescluze se placent au centre de notre cercle et s'efforcent de calmer l'agitation.

Quatre amis du défunt enlèvent le cercueil ; nous pénétrons à grand'peine dans la rue et il faut lutter en désespérés pour placer le cercueil sur le char funèbre.

Et la foule fiévreuse hurle les cris de :
— Vive Rochefort !
— Vive la république !'
— Vive la nation !

Le convoi s'ébranle. A ce moment, toute cette foule se précipite sur nous ; le cordon est brisé, nous sommes pressés, étouffés, traînés, portés... Des accidents graves ont dû se produire.

Près de moi, un homme de quarante-cinq à cinquante ans, grand, fort, le visage trèscoloré, s'écrie : Au secours !... vous me tuez !...

De nouveaux cris se font entendre : Par pitié, ne poussez pas ! Je me meurs ! Laissez-moi passer !

J'ai perdu la respiration, le moment est critique, le danger redouble, nous sommes traînés dans un ruisseau, nous avons de la boue jusqu'à mi-jambes...

Tout à coup un violent effort de la foule se produit de droite à gauche. M. Ulbach et moi nous sommes jetés sur un mur, la foule passe, nous respirons!...

Quelques-uns, moins heureux que nous, ont perdu connaissance. Emportés par la foule qui ne voit rien, n'entend rien, ils viennent s'affaisser sur le trottoir de la promenade au débouché d'une petite rue. On les adosse au mur et la foule passe, sans même les regarder.

MM. Rochefort et Delescluze se sont joints à la famille et ont pris la tête de l'immense cortége.

Tout au bout de cette longue masse qui marche lentement au milieu des grands arbres du parc de Neuilly, remplis de curieux jusqu'au faîte, on aperçoit un point noir.

C'est le chapeau du cocher qui conduit le char. Auprès de lui flamboie tout à coup l'étendard révolutionnaire.

Les mouvements deviennent un peu plus libres ; on arrive au carrefour d'Orléans où aboutissent quatre rues.

Mais de ces quatre rues se précipite la foule, un nouvel étouffement se produit, quelques voix crient :—Place!... place aux malades!

Un grand nombre de curieux attendent là dans des voitures le passage du convoi.

De nouvelles clameurs s'élèvent, on me dit que M. Rochefort s'est arrêté pour parler. Impossible d'entendre.

On remonte un peu l'avenue du Roule pour prendre ensuite la rue Louis-Philippe.

Une partie de la foule se précipite alors vers une petite rue située plus haut — la rue des Huissiers — et arrive sur l'avenue de Neuilly avant le char.

On chante la *Marseillaise* à pleine voix, on crie vengeance.

Le cortége parvient à la grande avenue de Neuilly, qui est encombrée de plusieurs centaines de véhicules.

M. Gustave Flourens et quelques-uns de ses amis insistent sur les propositions d'enlever le corps et de le porter au Père-Lachaise.

Une discussion assez vive s'élève ; M. Rochefort s'adosse au corbillard et fait face à la foule.

Mais, pressé, bousculé, étouffé, on le voit pâlir, incliner sa tête et faire signe pour indiquer qu'il se trouve mal.

Quelques personnes, parmi lesquelles un officier de marine breton et l'un de ses compatriotes, entourent M. Rochefort et l'emportent sur la caisse d'une voiture de place où il chancelle de nouveau.

M. Lermina vient auprès de lui.

— Qu'y a-t-il?

— Je me trouve mal, répond Rochefort, qu'on me porte dans une maison.

En effet, Henri Rochefort perd absolument connaissance : on le porte inanimé au milieu de nombreux vivat, et en chantant la *Marseillaise*, au numéro 117, dans la boutique d'épicerie du sieur Baux.

Deux médecins parviennent à se faire livrer passage et pénètrent dans la maison, avec quelques amis, qui prennent soin de M. Rochefort.

L'épicier a barricadé sa porte.

. . . .

. . . .

AU CIMETIÈRE.

On pénètre enfin dans la petite rue des Graviers, malgré les cris de :

—Arrêtez! on nous écrase! on nous étouffe!

La rue des Graviers, qui commence à l'avenue de Neuilly pour aller tomber dans la rue Jacques Dulud, sur la lisière du bois de Boulogne, est bordée du côté gauche par quelques maisons occupées par des marchands de pierres tumulaires, puis le cimetière du côté droit par un vaste terrain vague.

Sur les murs, on aperçoit une longue rangée de citoyens assis, montés les uns sur les autres, pour voir passer le cortége.

On crie : Vive la république!... Vengeance!... Vive le peuple!... Vive Rochefort!

On entonne la *Marseillaise*.

Louis Noir prend une résolution énergique, il entr'ouvre la grille. (*Page 34.*)

— Silence et en rangs !...

On escalade la muraille du champ des morts, les clameurs redoublent.

Le char arrive enfin devant la petite porte du cimetière, porte carrée peinte en gris sombre ; les deux battants sont ouverts et laissent voir une étroite allée de sapins verts qui se balancent sous le vent... le ciel s'obscurcit, quelques gouttes d'eau tombent.

L'étroite ouverture est bientôt obstruée ; Gustave Flourens monte sur le siége, il harangue la foule et réclame un passage pour le mort.

La bière est enlevée, aux cris de « Vengeance ! Justice ! » par vingt hommes qui se disputent pour conduire le corps de Victor Noir.

Le chapeau et le gant qu'il portait lorsqu'il reçut la balle sont déposés sur le cercueil, dépourvu de drap mortuaire.

Louis Noir précède le cortége, il est porté, et se défend contre toute ovation.

Il réclame, une fois encore, le calme, la dignité, il invoque le respect dû aux morts.

On entre enfin, il est quatre heures.

La foule se répand dans le cimetière, chacun veut être au premier rang ; on se presse, on se pousse, on veut voir.

Beaucoup de personnes essayent de résister à la foule et semblent vouloir se tenir pieusement à l'écart.

Mais chez la plupart la curiosité l'emporte. On monte sur les tertres, on se hisse sur les monuments, sur les arbres même. Quelques balustrades cèdent sous le poids de la foule de plus en plus compacte.

Les clameurs n'ont pas cessé. On cherche et on appelle M. Rochefort, qui, pendant ce temps, reprenait à peine connaissance.

Cependant un peu de recueillement succède aux cris de tout à l'heure ; plusieurs personnes ont réclamé le silence et ont été approuvées.

Après avoir traversé quelques contre-allées, le cortége arrive devant la fosse.

Ici l'émotion fut profonde. Le silence fut solennel. La fosse fut en une minute à demi remplie de bouquets d'immortelles, de gerbes de roses blanches, de violettes et même d'humbles chrysanthèmes.

Puis sur ce monceau de fleurs tomba une large couronne avec cette inscription : *La démocratie à Victor Noir.*

C'est avec peine que l'on obtient un instant de silence pour laisser parler les orateurs.

C'est d'abord M. Millière qui prend la parole. Nous sommes trop loin pour entendre le discours qu'il prononce, cependant nous saisissons cette dernière phrase : « Le dernier verre de sang est versé. »

M. Ulric de Fonvielle prit la parole à son tour, et maîtrisant une émotion profonde, il s'exprima en ces termes :

« CITOYENS !

« En présence de cette tombe, en présence de vous tous, je jure que Victor Noir a été lâchement assassiné par un Bonaparte !

« Sans raisons, sans motifs, sans provocation de sa part, il a été tué froidement devant mes yeux.

« Mais attendons l'expiation !

« Si nous n'obtenons rien de la justice impériale, nous aurons alors recours à la justice du peuple.

« Victor Noir, mon ami, mon frère, toi qui as arrosé de ton sang la demeure d'un prince pour la sainte cause de la Liberté, de la République,

« Je te vengerai !

« Je te vengerai !

« Je te vengerai ! »

MM. Amouroux, Marotteau et Hamel prononcèrent successivement quelques paroles ; puis un étudiant dont on ne dit pas le nom lut une pièce de vers au nom des écoles.

Nous avons laissé M. Rochefort au 107 de l'avenue de Neuilly, en proie à une crise nerveuse, pleurant à sanglots, affolé d'émotion, frémissant de froid. Il avait vu M. de Fonvielle pressé par la foule, poussé sous les roues d'une voiture, et pour la troisième fois à deux doigts de la mort : en présence du danger couru par son ami, après trois jours passés sans sommeil, énervé par les terribles émotions qu'il avait successivement éprouvées, il avait pâli et perdu connaissance. M. Paschal Grousset lui apporte la nouvelle que Fonvielle est sain et sauf. Cette nouvelle le ranime mieux que tous les soins.

« Revenu à lui, dit *le Gaulois*, M. Rochefort exprima le désir de se rendre au cimetière, il ne pensait pas que l'immense mer qui s'était partagée en deux fleuves, l'un se jetant vers la demeure des morts, l'autre vers l'avenue, devant le magasin, allait lui barrer le chemin. »

« Formez la haie, » crie-t-on de toutes parts, quand on aperçoit Rochefort, toujours pâle, sur le seuil.

— Une voiture !

Le cocher s'arrête devant le trottoir.

La foule, se ruant vers la voiture, s'apprête à faire la haie pour laisser passer Rochefort ; mais un ami adroit a fait avancer un fiacre le long des maisons : il arrive devant celle de la veuve Baux, et Rochefort y monte avec M. Jules Vallès et une autre personne que nous ne reconnaissons pas.

Un inconnu vigoureusement bâti est monté sur le siége à côté du cocher, et exhorte au calme la foule qui acclame le député et veut le porter en triomphe.

— « Citoyens, dit-il, le citoyen Rochefort fera son devoir jusqu'au bout. Il va se rendre au Corps législatif, où il a été mandé. »

La voiture marche au pas à travers ces deux collines humaines. Rochefort se tient dans le fond de la voiture, se cachant aux yeux et essayant, pendant ce moment de repos, de reprendre ses forces si affreusement ébranlées.

La voiture se dirige vers le cimetière.

La ruelle où elle s'engage est si étroite qu'il est impossible d'y passer et, à ce moment, nous la perdons de vue.

Pourtant, il faut supposer qu'elle n'a pu franchir toute la distance qui sépare l'avenue du cimetière et qu'elle a dû rebrousser chemin ; car, peu de temps après avoir disparu à nos yeux, elle reparaît précédée d'une immense multitude qui chante la *Marseillaise* et ne s'interrompt que pour crier : « Vive la république ! » Même multitude derrière la voiture, mêmes chants, mêmes cris.

Ici se place un épisode singulier, que le hasard seul a fait naître sans doute, mais qu'il est intéressant de noter.

Un modeste coupé a été remarqué arrêté au coin du boulevard Inkermann.

C'était celui du roi d'Espagne !

Est-ce le hasard ? est-ce la volonté de voir cette manifestation grandiose d'un peuple soulevé autour d'une victime qui lui a fait commettre la courageuse imprudence de traverser cette multitude? Toujours est-il que — l'eût-il voulu — il ne pouvait tomber dans un moment où ce spectacle pût être plus émouvant.

Quelqu'un parmi la foule ayant reconnu François d'Assises l'approcha et le saluant respectueusement lui dit :

— Voilà ce que c'est qu'un peuple !

Le roi eut un sourire expressif qui voulait dire : « Je le sais. »

Et le roi déchu se tint coi et pensif au fond de sa voiture.

Tout est fini pour l'infortuné défunt, il faut retourner à Paris. Ce retour, que François d'Assises ne tenait pas à voir, devait s'effectuer dans des conditions qui ui eussent certainement rappelé des souvenirs grondant mal à son oreille.

Un immense flot humain marchant en rangs serrés reflue vers Paris, on évalue à deux cent mille le nombre des assistants. L'air retentit des chants de la *Marseillaise* et des *Girondins*, alternés des cris de vive la République ! Vive Rochefort ! Hommes, femmes, enfants, marchent du même pas. Tout se passe sans encombre jusqu'à la porte Maillot. Pour la première fois, le cortége se trouve en présence de sergents de ville et de gardes de Paris, qui jusque-là s'étaient dissimulés, et qui parurent un moment vouloir s'opposer au passage du cortége.

. . . .

. . . .

Il serait peut-être hors de notre sujet d'insister sur les faits de détail qui ont suivi les funérailles de Victor Noir. Il y a cependant un rapport tellement intime entre ce qu'on appellera *la manifestation du 12 janvier* et la cérémonie qui en a été l'occasion, que nous n'hésitons pas à reproduire certains récits qui contribuent, tous, à faire connaître le véritable caractère de cette journée.

Consultons encore le *Moniteur* :

« C'est à la hauteur du palais de l'Industrie que la voiture amenant Rochefort au Corps législatif fut forcée de s'arrêter devant la troupe massée.

« Rochefort en descend.

« Il conjure le peuple de se disperser.

« Nous entendons distinctement ces paroles :

« Citoyens, dispersez-vous ; on vous mi« traillera, comme on mitraille le peuple ; « dispersez-vous, laissez-moi me rendre à « la Chambre. J'y ferai mon devoir, je vous « le jure ! »

« Un monsieur s'approche du député et lui dit :

« Montez chez moi ; vous serez à l'abri de cette cohue. »

« Au même instant une dame aborde Rochefort, lui serre vivement la main en l'entraînant loin de la foule.

« Nous entendons un officier dire :

« Ils feront bien, il y a plus de deux cent mille hommes sous les armes dans les casernes, la cavalerie qui était casernée à Versailles est à Paris ! »

« Rochefort disparaît enfin. »

« Voici du reste la version de M. Rochefort, telle qu'il l'a racontée à la Chambre :

En descendant l'avenue des Champs-Elysées, la voiture de Rochefort a été arrêtée par des groupes de sergents de ville commandés par un commissaire de police, qui a fait trois sommations pour que la foule se dispersât.

Rochefort est descendu de son fiacre et a dit :

— Nous rentrons tranquillement à Paris, vous n'avez pas le droit de nous en empêcher.

— Si vous ne vous retirez pas, répondit le commissaire, les troupes vont agir.

— Mais je suis député, et par conséquent inviolable.

— Je vous connais, je sais que vous êtes député, mais cela n'empêche pas que si vous résistez, on tirera sur vous comme sur les autres.

Rochefort harangua alors la foule, lui recommandant de se disperser, et lui dit qu'ils se retrouveraient sous peu.

A ce moment, la cavalerie a commencé à marcher au pas, et la population s'est alors dispersée.

Les terreurs de la cour des Tuileries ou de la Chambre des députés étaient vaines, car des précautions formidables avaient été prises en cas d'émeute, on avait fait venir :

La division de cavalerie de Versailles qui se compose d'une brigade de deux régi-

ments de hussards et d'une brigade de deux régiments de chasseurs, soit 16 escadrons de 120 chevaux chacun.

Ces troupes prirent position aux Champs-Élysées et sur l'esplanade des Invalides.

Le régiment des cuirassiers de la garde, qui avait quitté Meaux pour s'installer à Saint-Germain en Laye, a envoyé à Paris quatre escadrons au grand complet (500 chevaux) qui ont pris position à l'École militaire.

Voilà pour la cavalerie.

Pour l'artillerie, la garnison de Vincennes a détaché à Paris quatre batteries de six pièces, qui ont pris position dans les casernes stratégiques (Napoléon, Prince-Eugène, les Célestins et Louvre).

Les Tuileries étaient gardées, depuis la veille, par les deux bataillons du régiment de zouaves de la garde (1,200 hommes) qui ont, dans ce but, quitté leur caserne de Satory, à Versailles.

Les grenadiers de la garde, qui occupent Courbevoie, Rueil, le mont Valérien et Saint-Cloud, ont été jugés encore trop éloignés ; et cette réserve imposante de 5 à 6,000 hommes est venue prendre position à l'École militaire pour renforcer au besoin la garde.

Inutile de dire que toutes les troupes étaient consignées, que les officiers généraux occupaient avec leurs états-majors les positions de combat qui leur sont assignées dans les casernes plus haut désignées.

Ce déploiement de forces en présence d'une foule désarmée, qui n'avait conçu ni plan, ni solution quelconque, ne pouvait empêcher quelques collisions isolées, qui se produisirent dans la soirée sur différents points des boulevards et des faubourgs ; mais on a cité à peine quelques blessés, et d'assez rares arrestations.

A une heure du matin tout était calme.

Ainsi se termina cette « journée » qui marquera certainement dans l'histoire du deuxième empire.

« Mais je suis député, et par conséquent inviolable. » (*Page* 39.)

VII

ACCUSÉ ET VICTIME

L'agitation produite par la « journée » des funérailles, puis celle non moins profonde, mais d'un autre genre et à un autre point de vue, conséquence de la polémique ardente, trop ardente, de M. Rochefort et de quelques autres journalistes désireux de le dépasser encore en acrimonie, s'il était possible, s'est complétement calmée.

A peine même parle-t-on encore des discussions à la tribune de la Chambre au sujet de la demande en autorisation de poursuites contre le député de la 1re circonscription de Paris, de cette autorisation et du jugement tant soit peu anodin — après tant de bruit à la tribune et ailleurs — de la sixième chambre.

L'instruction à l'égard de l'inculpé Pierre Bonaparte se poursuit ; le jour probable de l'audience où l'accusé comparaîtra devant ses juges souverains n'est pas encore fixé ; les journaux familiers du château ont même renoncé — si la défense provient de haut-lieu, elle est de bon goût — ont renoncé, disons nous, à raconter les allées et les venues à la Conciergerie, les « réceptions » du prince ; on ignore s'il continue à faire usage, pour ses repas ordinaires, des produits et des cuisines de Véfour, ou s'il n'a pas favorisé de sa clientèle Chevet, ou Potel et Chabot.

Profitons de cette accalmie avant les débats publics du procès pour faire plus ample connaissance avec les habitudes, le passé et, pour employer l'expression technique, les « antécédents » de l'accusé ; nous parlerons aussi quelque peu du principal témoin. Nous ne t'oublierons pas Victor Noir ! Nous n'ignorons pas que des plumitifs de bas et de haut étage ont essayé, par de viles et lâches insinuations, de réagir contre la sympathie universelle pour tant de jeunesse et tant de belle et bonne bravoure, homicidée traîtreusement à bout portant.

Quelque baveuse que fût leur dent vipérine, les morsures n'ont même pas effleuré ton passé sans tache.

Qui ne les connaît du reste ! qui ne sait leur platitude quand ils ont besoin, et en même temps leur arrogante audace quand il y a récompense au bout...

Nous le disons, bien haut ce n'est point le désir de ta défense, de ta réhabilitation, qui nous guidera ; a-t-on besoin de défendre et de réhabiliter qui est resté vierge de toute attaque honnête !

De toi, nous dirons la vérité, de même que nous la dirons de tous les autres.

Parlons d'abord de l'accusé,

PIERRE-NAPOLÉON BONAPARTE

Que n'a-t-il pas été raconté et écrit au sujet des antécédents de Pierre Bonaparte, sa brutalité, son mépris pour la vie d'autrui?

Nous avons tout lu, tout entendu ; nous ne répéterons que les faits et événements qui nous paraissent incontestables ; nous ne parlerons pas de ceux résultant de témoignages sérieux, dignes de foi peut-être, mais non extraits de rapports ou procès-verbaux officiels.

Les faits avérés sont malheureusement assez nombreux sans qu'il soit besoin de recourir à ceux simplement énoncés sans preuve absolue de leur véracité.

Tout d'abord, recourons au *Dictionnaire Vapereau*, pour les renseignements biographiques proprement dits.

Ainsi qu'on pourra l'apprécier, cette biographie du prince n'a pas été sans embarrasser l'honorable M. Vapereau. Quelques points ont été laissés prudemment dans une demi-obscurité, d'autres ont été à peine estompés.

Lisons d'abord, puis nous commenterons les faits, ou plutôt, nous les préciserons

Pierre-Napoléon Bonaparte est le troisième fils de Lucien, frère de Napoléon Ier. Il est né à Rome le 12 septembre 1815. — M. Della Rocca dit le 11 octobre 1815.

Le prince est dans sa cinquante-cinquième année.

Son père voulut s'occuper personnellement et exclusivement de sa première éducation. A quatorze ans, on lui donna pour professeur l'abbé Casanova ; plus tard il étudia sous la direction du père Maurice de Brescia, un des plus savants Italiens de l'époque.

Il apprit rapidement les langues anciennes, quelques langues vivantes, les mathématiques, les sciences exactes et l'histoire. Déjà, il écrivait en français et en italien des strophes énergiques.

Son tempérament était robuste, son caractère hardi, tout l'entraînait aux aventures.

La famille habitait alors Canino, magnifique domaine que la Chambre apostolique avait vendu à Lucien. La plupart des serviteurs de la maison étaient Corses, et le jeune prince écoutait leurs récits avec une sorte de passion.

« Il écoutait surtout avec une avide curiosité, dit M. Della Rocca, les récits d'un compagnon d'aventures du célèbre bandit *Téodoro*, le nommé *Nevigantino*, qui devait probablement ce surnom à son habitude de coucher dans la neige. »

Il avait dès lors la passion de la chasse et de la guerre. On l'avait vu se mêler, en volontaire, aux carabiniers du pape et faire le coup de feu contre les brigands des Maremmes.

En 1831, il voulut prendre part à l'insurrection de Toscane. Arrêté par la police, il fit une résistance violente (1) et fut prisonnier six mois dans la citadelle de Livourne. Mis en liberté, il revenait à Canino, mais les États de l'Église lui furent interdits.

Pierre-Napoléon s'embarqua pour les États-Unis. Il y rejoignit son oncle Joseph, ancien roi d'Espagne, et suivit en Colombie le général Santander, qui le fit chef d'escadron.

Le retour du jeune prince doit dater du milieu de l'année 1833. La France lui étant interdite, il se dirigea sur l'Italie, et le saint-siége l'autorisa à se fixer à Canino, avec son frère Antoine.

Les faits qui lui rendirent hostile le gouvernement pontifical ont été racontés si diversement par la plupart des biographes que nous ne savons à quelle version nous arrêter (2).

Ce qu'il y a de certain, c'est qu'en 1836, poursuivi par les carabiniers du pape, il en blessa deux et leur tua un lieutenant. Contraint de se rendre après une lutte acharnée, il fut emprisonné au château Saint-Ange. Traduit devant une commission, le prince fut condamné. La princesse de Canino pria et supplia le pape, qui fit grâce et se contenta d'interdire ses États à Pierre Bonaparte.

Le 7 février 1837, après une captivité de neuf mois et demi, il sortait du château Saint-Ange et s'embarquait de nouveau pour l'Amérique.

Trois princes de sa famille s'y trouvaient déjà : Louis Napoléon, l'empereur actuel, et les frères Murat.

Nous le retrouvons bientôt après en Angleterre chez son oncle Joseph, qui s'était fixé à Londres. Puis, en 1838, il part pour Corfou, équipe une tartane, soulève d'ardentes colères et se voit forcé de quitter le pays (1).

On mettait à ses ordres un vapeur de la marine britannique.

Il s'arrêta à Malte, passa à Gibraltar, visita Lisbonne, le Portugal, l'Espagne, revint à Londres, gagna Bruxelles, offrit son épée à la Belgique, à la France, au général Espartero, à Mehemet-Ali et au czar Nicolas, qui le remercièrent et n'acceptèrent pas ses services. (*Della Rocca.*)

En 1847, il écrivit de Lucerne au général Dufour ; il voulait prendre part à la guerre de la diète fédérale contre le Sunderbund. Les règlements interdisaient au général Dufour d'admettre des officiers étrangers.

Nous avons sous les yeux un long catalogue des œuvres du prince Pierre Bonaparte. Ce sont un très-grand nombre de poésies en français et en italien, et quel-

---

(1) On affirme que cette résistance violente doit être traduite ainsi : Violent coup de poignard traîtreusement porté à l'officier chargé de l'arrêter, et qui par déférence à l'invitation que lui avait faite le prince, le précédait sans défiance.

(2) Toute controverse de version différente cesse désormais en présence de documents officiels émanant de la police : romaine nous les publierons.

(1) Nous dirons également le pourquoi du soulèvement de ces ardentes colères.

ques ouvrages en prose parmi lesquels nous citerons : *la Cession de la Louisiane*, *le Mariage de la reine d'Etrurie*, etc., etc.

Le prince se consolait de cette inaction forcée en écrivant des poëmes italiens.

1848 arriva ; le prince demanda et obtint une permission illimitée de séjour à Paris et un brevet de chef de bataillon à la légion étrangère.

Pierre-Napoléon représenta la Corse à l'Assemblée nationale.

En 1849, il partait pour l'Algérie et assistait aux premières opérations du siége de Zaatcha.

En 1852, Pierre-Napoléon Bonaparte rentra dans la vie privée.

Il reçut, comme ses frères, les titres de prince et d'altesse. Quelques années après, il y a quatorze ou quinze ans, il acheta, de M. Della Torre, la maison de la rue d'Auteuil.

Le prince est marié et père de deux enfants. Il s'occupait de travaux littéraires et avait traduit en vers français divers ouvrages italiens.

Pierre-Napoléon Bonaparte est de haute taille et de forte corpulence. Les épaules sont larges, la main grasse et velue.

L'arcade sourcilière est brune et touffue, l'œil vif, le front large, la joue pleine, le nez et les lèvres charnus, le menton très-gras, le cou très-fort. Il portait la barbe en chasseur d'Afrique ; il la taille en brosse depuis qu'elle a grisonné. »

Un fait particulièrement grave, une incrimination de meurtre, a été alléguée contre Pierre Bonaparte.

D'abord meurtre du lieutenant comte Cagiano, officier de la milice romaine.

FAIT CAGIANO

Si des allégations vagues ou affirmées seulement par des ennemis politiques avé-

rés du prince relevaient cette accusation, probablement aurions-nous cru devoir ne pas en tenir compte.

Mais les détails nous sont donnés par le correspondant de *l'Union de l'Ouest*, feuille des plus recommandables de la presse de province et ne pactisant nullement avec les journaux dits agitateurs et révolutionnaires.

L'Union de l'Ouest publie le récit de son correspondant, et à la suite le rapport des gendarmes (carabiniers romains) témoins participant à l'action.

Une condamnation à mort est intervenue contre Pierre Bonaparte, à l'occasion du meurtre qui lui est reproché.

Les probabilités sont, tout au moins, pour la véracité de l'homicide incriminé.

A nos lecteurs à apprécier.

Voici la correspondance publiée par *l'Union de l'Ouest*, feuille catholique et bien pensante :

« Du temps que l'Europe proscrivait la famille des Bonaparte, en haine des tyrannies et des excès du premier empire, Rome réchauffait, on peut le dire, des serpents dans son sein, en donnant asile à la famille du grand homme. Je ne reviendrai pas sur l'histoire des conspirations politiques, des troubles et des guerres auxquels les Bonaparte prirent une part si active, et d'autant plus odieuse qu'elle donnait la mesure de leur ingratitude. Je raconterai simplement, non l'histoire scandaleuse des princes de Canino, les colonnes d'un journal qui se respecte ne le supporteraient pas, mais le trait qui obligea le gouvernement pontifical à intervenir, et à traduire en justice deux membres de la famille, Pierre et Antoine Bonaparte.

Ils vivaient dans leur pays de Canino, à la manière et avec le costume des brigands italiens de cette époque : feutre pointu, veste de velours, large ceinture, culotte courte, grosses bottes dont les molletières

étaient attachées par des boucles d'acier. Tout le pays était dans la terreur, car les princes ne respectaient rien.

Chaque matin ils partaient pour la chasse, et si, en hiver, le ciel était pluvieux, ou, en été, trop chaud, ils passaient de longues heures dans le cabaret de l'endroit, jouant aux cartes avec les paysans et les mauvais sujets qui les secondaient dans leur vie d'aventures.

Près de Canino, habitait dans une chaumière un homme surnommé *Mahumetto*, parce que, tout pauvre qu'il fût, il avait eu trois femmes.

D'une de ces femmes lui était restée une jeune fille, fille d'une grande beauté, c'était presque une enfant.

Un jour, Pierre et Antoine, accompagnés d'un de leurs compagnons de débauche, Valentini (lequel enleva un jour leur sœur et, après toute sorte d'égarements, se suicida aux bains de Porretta, près de Bologne), entrèrent dans la chaumière de Mahumetto, y trouvèrent la belle enfant et la déshonorèrent tous trois. Aux cris de la victime, un homme accourut; cet homme, qu'on avait surnommé *Salta maccaione* (saute-fossés), parce qu'il était boiteux, fut témoin du crime; mais en apercevant les coupables, il comprit le danger qu'il y avait pour lui, et s'enfuit. Les princes et Valentini se mirent à sa poursuite et l'eurent bientôt rejoint. Se jetant à leurs genoux, il s'écria : « Pitié ! je ne dirai jamais rien, je le jure; je n'ai rien vu. » Ils le fusillèrent à bout portant, et l'homme tomba pour ne plus se relever. La chose fit du bruit, et le pape ordonna l'arrestation des assassins.

La famille Bonaparte comptait trop de soutiens, et conservait trop d'influence pour qu'elle ne cherchât pas à empêcher l'action de la justice ; mais le pape résista à toutes les obsessions, et maintint les ordres qu'il avait donnés. A vrai dire, personne ne se souciait d'exécuter ces ordres : il y allait de la vie. Nul n'ignorait ce dont les Bonaparte étaient capables ; cependant un homme de cœur, qui les connaissait bien, se présenta. C'était M. le comte Cagiano di Azevedo, officier de gendarmerie.

Le comte, en bourgeois, accompagné de soldats déguisés, se rendit à Canino, posta ses hommes sur les avenues de la place, et entra seul au cabaret. Les Bonaparte étaient à la chasse. Cagiano s'assit à une table, et attendit tranquillement.

Ils ne tardèrent pas à arriver, et Pierre entra le premier, alla droit à Cagiano, lui disant :

— Qui t'amène ici ?

— La chasse, répondit l'officier. Tu as là, prince, un beau fusil.

— Oui, fit Pierre, c'est un fusil anglais qui m'a coûté très-cher.

Et Cagiano, prenant l'arme, feignit de l'examiner, en loua la perfection et, la posant derrière lui, s'avança vers Pierre, et lui dit :

— Prince, au nom de la loi, je vous arrête.

Pierre se courba aussitôt, saisit dans sa botte un poignard que, par un mouvement rapide, il plongea dans la gorge de Cagiano, lequel roula sur le pavé en criant au secours. Au bruit, les gendarmes déguisés se précipitèrent ; Antoine apparaissait sur la porte et, comprenant tout, il se retourna vers les gendarmes, et en tua un d'un coup de fusil.

Mais, en voyant tomber leur camarade, les gendarmes, pleins de fureur, renversè-

rent Antoine, entrèrent dans le café et prirent Pierre qui luttait comme un démon. Des scènes terribles se passèrent dans le café, car tout le pays étant accouru, chargeait les deux assassins d'opprobres et de malédictions. Eux blasphémaient comme des Turcs, promettaient d'incendier le pays et de tuer les gendarmes. Ceux-ci, il est vrai, se laissèrent emporter et administrèrent aux deux princes de violents coups de crosse. Ils les étreignirent si durement, à l'aide de cordes et de menottes, que durant toute la route de Canino à Rome, ils souffrirent horriblement et arrivèrent ensanglantés.

Quant à Valentini, qui devait plus tard finir si misérablement, il avait réussi à s'évader. Ayant passé la nuit dans les broussailles, il trouva le lendemain un refuge je ne sais où.

Tout le temps que dura leur captivité préventive, les princes intriguèrent de toute façon ; leurs alliés, parents et amis s'efforcèrent d'empêcher le cours de la justice ; mais le pape fut inflexible, et après des débats qui mirent en lumière tous les scandales et toutes les violences de leur vie, Pierre et Antoine furent condamnés à la peine de mort. »

Voici maintenant le rapport des carabiniers pontificaux précisant les faits :

« L'ordre de la suprême secrétairerie d'État d'arrêter les deux frères don Pietro et don Antonio Bonaparte, princes de Canino, devant être exécuté avec toute finesse (*con ogni cautela : cautela* veut dire réserve, précaution, ruse, finesse), M. le capitaine Guadagnini en chargea le lieutenant comte Cagiano, lequel, apprenant le crime, se montrait désireux de faire lui-même l'arrestation de ces deux Bonaparte, dont il avait été l'ami.

A peine arrivé à Canino, Cagiano s'est mis de concert avec les maréchaux de logis Pifferi et Rinaldini, ainsi qu'avec deux autres sous-officiers. Deux carabiniers expérimentés, se promenant sur la place, ont attendu les susdits frères Bonaparte, un desquels, qui était D. Pietro, apparut sur la porte du café, armé d'un fusil à deux coups; ce que voyant, le lieutenant Cagiano (qui était dans le café) s'est approché de lui et lui a parlé. Mais le Bonaparte, soupçonnant quelque chose, a demandé à Cagiano ce qu'il venait faire à Canino, et s'il venait pour l'arrêter. Mais pendant que Cagiano répondait d'une manière évasive et demandait à voir le fusil que portait Bonaparte et en vantait la beauté, le maréchal Rinaldini survenant a pris le prince par les bras, et le lieutenant lui a intimé l'arrestation.

Mais Bonaparte, faisant toute la résistance possible et se débarrassant de l'étreinte du maréchal, saisit dans ses hautes guêtres de cuir un poignard (*vibrando immediatamente un colpo al tenente nella parte del cuore che lo rese immédiatamente cadavero*), le plongea immédiatement dans le cœur du lieutenant, qui est tombé mort. Puis il s'est retourné vivement contre le maréchal, qu'il a blessé mortellement de six coups du même poignard, et a blessé également un carabinier, qui accourait au secours du lieutenant tué. Tout aussitôt la gendarmerie s'est précipitée; le carabinier Montanari arrivant le premier, et voyant à terre et son officier et le maréchal, a asséné sur la tête de Bonaparte un coup de crosse qui l'a renversé. Et Bonaparte suppliant a demandé qu'on lui laissât la vie. En même temps, le carabinier Cialdea a déchargé sur le prince à brûle-pourpoint un pistolet qui ne l'a point blessé.»

Une condamnation à mort contre les frères Bonaparte fut prononcée par la justice romaine. Mais neuf mois plus tard, ainsi que la dit M. Vapereau, le prince Pierre sortait du château Saint-Ange libre… de quitter immédiatement les États du Pape.

INCRIMINATION DE MEURTRE
SUR L'OFFICIER DE DOUANE GREC

Sans que nous fassions aucune réflexion, voici ce qui a été publié et affirmé à cet égard.

Le *Daily-News*, du 13 janvier, a publié la lettre suivante, signée Cartwrigt, ancien greffier du bureau de police de Corfou :

« Monsieur l'éditeur,

« J'étais à Corfou employé responsable du gouvernement anglais, et je puis garantir l'authenticité des faits suivants :

« Le prince Pierre Bonaparte loua un bateau à Corfou, pour le conduire sur la côte d'Albanie, dans le but d'y faire une partie de chasse.

« Le bateau était manœuvré par deux marins natifs de l'île, dont j'ai eu moi-même l'honneur de recevoir et d'écrire les dépositions après le malheureux conflit avec les Palikares. Voici la vérité établie par ces dépositions.

« Lorsque la barque arriva à Sajades, sur les côtes d'Albanie, un officier de douane essaya d'accoster, pour constater l'origine et l'endroit d'où venait le bateau; alors, *sans aucune espèce de provocation, le prince l'étendit roide mort !* Ce Palikare, officier de douane, était un *vieillard* père d'une nombreuse famille.

« Immédiatement la barque reprit le chemin de Corfou. Le prince fut chassé de l'île. Le gouvernement ionien, dans la personne de sir Howard Douglas, alors *lord High-Commissionner*, eut la triste satisfaction de payer une généreuse indemnité à la famille de l'officier assassiné. »

Quelques jours après, le *Times* avait publié une réfutation, signée *Veritas*, de cette lettre de M. Cartwright au *Daily-News*.

M. *Veritas* prétendait que Pierre Bonaparte n'avait fait, dans cette circonstance, que défendre sa vie contre des brigands; que des officiers anglais lui avaient fait une visite de félicitations ; et que l'expulsion qui lui avait été signifiée par le gouvernement anglais ne s'appuyait que sur des « raisons d'État. »

Voici la réponse de M. Cartwright à ces allégations anonymes :

A l'éditeur du Times.

Monsieur,

Il est de mon devoir de venir défendre la vérité de mes affirmations concernant l'affaire du prince P.-N. Bonaparte avec de prétendus brigands sur les côtes d'Albanie, attaquée par votre correspondant *Veritas*.

Au moment de l'affaire, j'étais greffier du bureau de police de Corfou, sous les ordres de M. Demetrio Zervo, inspecteur, et j'avais ainsi le moyen d'être bien renseigné. Je répète et j'affirme qu'une seule personne a été « tuée » par le prince, et que cette personne était, non pas un brigand, mais un officier de douane.

Je nie de la manière la plus formelle que M. Barclay, colonel du 11ᵉ régiment, ou aucun autre officier anglais, ait jamais été capturé par des brigands albanais.

Je nie, en outre, que lord Charles Wellesley, colonel du 53ᵉ, ou aucun officier anglais alors à Corfou, se soit jamais associé à la prétendue ovation dont parle *Veritas*.

Il n'y avait à Corfou aucun juge ou magistrat anglais, les Ioniens étant, sous ce rapport, gouvernés par les juges du pays; la haute cour d'appel seule était présidée par deux juges anglais qui, dans ce cas, se trouvaient sans pouvoirs.

Comme moi, *Veritas* reconnaît que le prince fut chassé de Corfou.

La « razione di Stato » (raison d'État),

mentionnée dans l'ordre d'expulsion du prince, était une manière délicate de lui faire connaître l'ordre du gouvernement ionien qui, le fatal événement n'ayant pas eu lieu dans l'étendue de sa juridiction, ne pouvait agir plus sévèrement.

L'original de cet ordre, transmis par la police et dont vous donnez le contenu, a été écrit dans les bureaux dont je faisais partie, par M. Scarpa, secrétaire de l'inspecteur, signé par l'inspecteur, et une copie a été conservée dans les livres de la police de Corfou.

Permettez-moi, en terminant, d'ajouter que, dans son excursion à la côte d'Albanie, le prince était accompagné d'un monsieur *Barca*, armurier à Corfou.

Votre serviteur, etc.

Joseph CARTWRIGHT,
Corcyra, villa Holloway.

20 janvier 1870.

P.S. — L'indemnité donnée à la famille de l'officier de douane a été bel et bien payée par le gouvernement ionien. »

La clameur publique ne s'en est pas tenue aux deux griefs de meurtre plus haut rapportés; revolvers par-ci, coups de poignard par-là; jambes et bras cassés dans le duché de Luxembourg, en Corse, en Italie, en Amérique, etc., etc., un peu partout.

Les noms propres sont cités, mais, nous le répétons, ce ne sont que des allégations; ne nous y arrétons donc pas.

On a aussi rappelé, et le fait est notoire, le violent soufflet donné par le citoyen Pierre Bonaparte, alors qu'il était représentant du peuple à la Constituante, en 1848, en pleine séance, à son collègue le citoyen Gastier, vieillard de 70 ans passés.

Pour toute excuse à cet acte brutal d'un homme de 33 ans à l'encontre d'un vieillard

de 70 ans, le citoyen Bonaparte a prétexté que son collègue avait souvent ri, alors qu'il était question des sentiments républicains affirmés par son cousin le citoyen Louis Bonaparte, aujourd'hui Empereur des Français.

M. Gastier a nié l'existence d'un « prétexte; » mais il serait vrai qu'il aurait ri et souri, est-ce une excuse?...

Pour bien des gens, ce soufflet explique le coup de pistolet qui a tué Victor Noir.

On ne pouvait passer sous silence l'action du commandant Pierre Bonaparte, désertant brusquement, devant Zaatcha, le poste de combat qui lui avait été confié, à la veille d'une action imminente.

On a parlé de lâcheté... Nous ne savons, mais nous croyons assez volontiers à la version donnée par le *Figaro*, un ami de la dernière heure:

« Une observation d'un officier supérieur, dit-il, ayant déplu au commandant Bonaparte, quoique à la veille d'un assaut, le prince avait brusquement abandonné son poste. »

Quoique républicain et citoyen d'une république, on n'en est pas moins prince, et à quoi servirait donc d'être prince, si on n'avait pas le droit de faire ou de ne pas faire ce que bon semble, sans être astreint à aucune admonestation?

C'est probablement et tout simplement ce que s'est dit le citoyen commandant en ne montant pas à l'assaut de Zaatcha.

Pour en terminer à l'égard du prince Pierre Bonaparte, et ceci n'est ignoré d'aucun de ceux un peu au courant de ce qui se passe en haut lieu, non-seulement le prince Pierre n'était pas assidu aux Tuileries, mais encore sa présence n'y était nullement désirée, et très-rarement il y avait place pour lui aux réunions de famille.

Pourquoi?

On en a attribué la cause tantôt à son passé un peu trop accentué, tantôt au manque de régularité — légale — de son existence privée, puis à son mariage lui-même, lequel cependant a été œuvre d'honnête homme.

Eh bien! la vraie cause, nous la donnons à deviner entre mille :

Aux yeux de la cour, le prince Piérre était accusé et convaincu de républicanisme!...

Les rédacteurs de la *Marseillaise* et du *Rappel* soutiendront qu'un prince qui met si facilement pistolet et poignard en main est un triste républicain, et ils crieront *racca!*

Toutefois, il paraît avéré que le prince Pierre n'a jamais répudié cette qualification politique; il s'inspire, dit-il, de son père le prince Lucien, accusé lui aussi de républicanisme par son frère Napoléon Ier.

Ce chef auguste des Bonaparte aurait dû cependant se souvenir que le prince Lucien avait puissamment contribué aux — coups de balai — à manches de baïonnette du dix-huit brumaire.

Singulière besogne pour un républicain !

C'est du mort maintenant, c'est de la victime, c'est de Victor Noir qu'il nous faut vous entretenir, Lecteur.

VICTOR NOIR

Qu'ajouter à tout ce qui a été dit sur ce pauvre garçon ?

Bornons-nous donc à répéter l'écho général.

Il était bon, il avait du cœur.

Quoique fort comme deux Turcs, il n'avait jamais heurté personne.

En réalité, il était la seule victime de cette force musculaire : la connaissant, il n'osait s'en servir contre personne.

SON PASSÉ ?

Il n'en avait point encore : il naissait à peine à la vie militante.

Sa première jeunesse ?

Victor Noir a eu faim, il a eu froid ; souvent il n'a su où reposer sa tête et il a couché à la belle étoile.

Puis, il a été bohème de lettres — nous dirons ses débuts. —

Nous avons dit « bohème de lettres. » Oui ! et ceci à sa gloire. Car cette existence où il est quelquefois beaucoup osé et beaucoup excusé... cette existence où tant ont sombré, il l'a menée pure et sans reproches, même véniels.

SON AVENIR ?

En avait-il comme homme politique, ou comme littérateur ?

Nous ne savons et ne voulons pas nous en préoccuper.

SON PRÉSENT ? Au moment fatal...

Qui ne sait que ce beau garçon de vingt-deux ans allait épouser Mlle d'A..., une séduisante créole de seize ans ?

Il y a un instant nous nous sommes refusé à scruter les probabilités de l'avenir du citoyen et de l'homme de lettres ; mais l'avenir, les projets de bonheur, les félicités entrevues de Victor Noir et de la compagne de son cœur, de la fiancée de son âme, mais leurs beaux rêves dorés, leurs séduisants châteaux en Espagne !...

Vingt-deux ans ! et seize ans !

Ce mirage de l'existence à travers le prisme chatoyant et émerillonné de la vie à deux...

Mais n'était-ce pas le plus beau, le plus aimé, le seul avenir rêvé par ces deux enfants !

Une main brutale lâche la détente apprêtée d'un pistolet ; la poitrine de la victime est large..., large à permettre à une balle, à dix balles de s'y égarer sans semer la mort. Ce jour-là, le prince Bonaparte, sans doute, n'avait pas la goutte ; le rhumatisme ne le faisait pas trembler.

Peut-être même n'était-il pas en colère !

L'œil et la main ont visé juste et ferme au cœur. Beaux rêves de la vingtième année, vous étiez envolés !

Jeunesse exubérante, corps d'athlète, main loyale et dévouée, Victor Noir, tu étais redevenu poussière...

Belle et rieuse fiancée, vous étiez veuve.

C'est à la froide et implacable mort que vous aviez promis dévouement, affection, amour éternel !

Votre blanche couronne qui, aujourd'hui — 10 janvier — devait ceindre votre front virginal, c'est sur sa tombe encore béante que vous la déposerez.

C'est en vain que nous essayerions de le cacher, quinze jours, trois semaines ont passé depuis ce jour néfaste, et cependant nous ne pouvons contenir ni surmonter notre douloureuse émotion. Jamais, non jamais ! cette fatale et sanglante journée *du 10 janvier* ne s'effacera de notre mémoire.

Nous n'avons rien vu du drame sanglant, nous n'avons assisté à aucune de ses péripéties...

Mais voici la scène à laquelle nous assistions à l'heure juste du crime :

Le hasard nous amenait chez l'éditeur de Louis Noir et le nôtre.

Louis Noir s'y trouvait en compagnie de mademoiselle d'A..., que vingt fois en notre présence il se plaisait à appeler de ce doux nom, petite sœur...

Le mariage des deux fiancés n'ayant pu, par suite d'une circonstance fortuite, être célébré ledit jour, 10 janvier, il avait été résolu de le célébrer en famille: cette journée depuis longtemps et dans la pensée de tous devait faire deux heureux. Hélas !...

Aux lieu et place de madame Louis Noir,

obligée de surveiller les apprêts de la petite fête, la jeune fiancée avait tenu à faire acte et preuve d'excellente ménagère, et bravement, joyeusement surtout, elle avait voulu accompagner son beau-frère de demain, lequel, nul de ses amis ne l'ignore, pas même pour la présidence de la république universelle, ne laisserait à personne autre que lui le soin de « dénicher » une primeur, un perdreau fait à point, la plus fraîche langouste, ou bien la plus appétissante crevette.

Ils revenaient des provisions. Louis Noir avait fait des folies de crevettes et de homards, et il fallait l'entendre raconter ses discussions avec ces dames de la halle ; comme quoi, et en un discours en trois points, sans compter l'exorde, il avait démontré à celle-ci que son *rouget* n'était plus présentable et que son saumon ne serait réellement bon que demain.

En vérité, il n'était pas plus doctoral quand tout récemment, dans son histoire populaire des *Guerres de Crimée et d'Italie*, il appréciait les qualités guerroyantes du prince Napoléon — pas Pierre — devant Sébastopol et en Italie.

Sa petite sœur riait et était enfant; c'était plaisir à voir ! ce qui ne l'empêchait pas de lutiner le discoureur, pour plus vite rejoindre Victor qui devait compter les minutes...

Il l'attendait !!!...

Et alors, elle aussi elle semblait oublier l'heure en nous entretenant de ses projets, de son bonheur de jeune fille ; c'était Victor qui voulait ceci, c'était encore lui qui ne voulait pas cela; mais elle saurait bien le faire obéir, ah mais !...

Enfin toutes les chères et chastes folies d'une enfant de quinze ans qui devait se marier aujourd'hui et qui se mariera dans huit jours.

L'heure passait...

« Décidément, fit-elle enfin de son petit

VICTOR NOIR.

ton le plus lutin, frère Louis, partons, ce pauvre Victor va être inquiet; partons vite, vite. »

Et elle entraîna son beau-frère.

Et pendant ce temps-là, Victor Noir....

Ah! c'est affreux!

. . . .

. . . .

Aucun honneur mortuaire ne devait manquer à Victor Noir, aucun; pas même l'insulte méprisable et... méprisée.

Sa tombe n'était pas encore fermée qu'un sire glauque, cafard, honteux, non, éhonté, essayait de faire diversion à la sympathie universelle pour la victime.

Ce n'était pas assez de l'avoir tué ; les séides, les mamelucks, comme ils aiment à s'appeler eux-mêmes, devaient essayer de le rendre ridicule.

Le mercredi soir 12 janvier on lisait ceci dans un journal :

VICTOR NOIR.

« On a dit de lui qu'il n'avait que vingt ans; il en avait vingt-deux.

A cet âge on est déjà soldat depuis un an.

On a dit que c'était un enfant; c'était un homme d'une force herculéenne.

On dit qu'il était bon, c'est vrai; mais il était connu pour violent.

Sa force exceptionnelle fùt certainement le plus beau de ses titres littéraires.

Elle lui valut l'amitié de M. Rochefort.

L'amitié d'un grand homme est un bienfait des dieux.

Elle lui valut l'insigne honneur d'escorter le grand homme quand il daigna opérer lui-même et assommer à domicile M. Rochette, imprimeur, coupable d'avoir prêté ses presses à l'impression d'une brochure qui ne respectait pas suffisamment M. Rochefort.

C'est probablement cette vigueur musculaire bien connue, trop connue, qui valut au pauvre Victor Noir le fatal honneur d'accompagner M. Ulric de Fonvielle.

Pauvre garçon ! il avait bon cœur et il avait le cœur sur la main; cette main s'égarait quelquefois sur un crâne ou sur une joue. Elle frappait facilement, mais sans méchanceté. Le dos tourné, Victor Noir n'y pensait plus ; il n'avait pas la moindre rancune. Il était toujours prêt à entrer jusqu'au cou dans les affaires que suscitaient ses amis. C'étaient les habitudes de l'atelier transplantées dans la vie littéraire.

Un beau jour, on lui a dit : — Tu iras là ; tu porteras une provocation. Il est allé frapper à la porte indiquée, il a provoqué.

Il a provoqué un homme qui n'était pas d'humeur à se laisser insulter, — un soldat.

Ce soldat avait sur le cœur une longue litanie d'injures, de calomnies, de mensonges, d'accusations infâmes contre lui, contre les siens, contre sa famille. Il a parlé avec la brusque franchise d'un soldat. Victor Noir a répondu avec la brutale audace d'un ouvrier. Avec ce poing qui valait une massue, il a frappé : on sait le reste.

Un malheur ! oui, un malheur ! Car il était jeune, il avait encore le temps d'étudier, de se réformer et de réparer le temps perdu.

Un malheur ! oui: Il avait une mère, —

et nous nous inclinons bien bas devant les larmes d'une mère. Il avait un père, une fiancée, un frère.

Mais, après tout, cette destinée est celle de bien des jeunes gens. Depuis 1790, combien de mères ont pleuré ! combien de fiancées veuves avant d'avoir déposé le voile virginal ! combien de vieillards ont survécu à leurs fils !

Depuis les défilés de l'Argonne jusqu'aux plaines de Waterloo, depuis la prise d'Alger jusqu'à la prise de Zaatcha, depuis l'Alma jusqu'à Solferino, combien de braves sont tombés !

Ils avaient, eux aussi, des mères et des fiancées !

Ils laissaient des familles désolées, des cœurs navrés, des douleurs inconsolables.

Ils sont morts victimes du devoir, sans avoir provoqué par une faute, par une imprudence, la balle, le boulet ou la baïonnette qui les a frappés sur le champ de bataille.

Cependant la patrie qu'ils ont défendue, le peuple pour lequel ils sont morts, ne leur accordera jamais ni le souvenir, ni les splendides funérailles que la passion politique réservait à Victor Noir.

Desaix mort à Marengo, Desaix mort pour le salut de la France que menaçait une coalition européenne, Desaix n'est rien auprès de Victor Noir, dont toute la gloire consiste à avoir payé bien cher un acte irréfléchi peut-être.

Quel sentiment peut-on éprouver en présence d'une pareille anomalie?

Un profond mépris pour cette popularité fausse et illusoire que les partis décernent à leurs idoles; popularité de mauvais aloi qui ressemble à la vraie popularité comme le strass ressemble au diamant. »

Cela a été publié dans le PAYS, *journal de l'Empire*.

C'est signé : LOMON.

Nous n'avons pas dit *écrit*.

Malgré toutes les audaces, il est de ces choses si trivialement grotesques, qu'on n'ose réellement pas les avouer ouvertement.

De toute autre source, l'indignation aurait été générale.

Mais du *Pays*... on a simplement haussé les épaules.

De nous aussi, le mépris est profond et désarme tout sentiment violent d'indignation.

Passons donc outre, et bornons-nous à faire remarquer l'imprudence et l'impu-dence des mameluks aux gages de la *camarilla* ultra-bigote et rétrograde des Tuileries. Ils ont la stupidité, si ce n'est le comble de l'audace, de rappeler la mort glorieuse des combattants de la Zaatcha, pour défendre le *fuyard* de la Zaatcha !

Ils osent reprocher à Victor Noir son intervention dans quelques duels, et ils font ces insinuations au profit de celui qui, à une ambassade d'honneur, répond par des coups de revolver !...

En vérité, c'est à ne pas le croire.

LA PRESSE HONNÊTE

Une certaine presse a donné son écho, entendons maintenant la voix de la presse digne de ce nom.

Fort heureusement pour les honnêtes gens de tous les partis, de même que la lance d'Achille, la véritable presse guérit facilement les piqûres vénéneuses de la presse vénale.

Tous les journaux en général, quel que fût leur drapeau, en racontant les épisodes divers de l'existence, si courte, de Victor Noir, ont fait justice des tentatives de calomnie sournoisement dirigées contre sa mémoire.

M. Édouard Hervé, du *Journal de Paris*, écrivain et feuille également honorables, dans une notice où, on le voit, l'émotion a peine à se maîtriser, a fait pour ainsi dire l'oraison funèbre du défunt ; il avait assisté à ses débuts, c'était pour ainsi dire lui qui l'avait sacré journaliste ; lisons-donc ce qu'il en a écrit le lendemain du crime :

« Nous connaissions beaucoup le mal-heureux Victor Noir ; nous avions pour lui une vive et sincère affection, et sa mort nous aurait profondément ému, quand bien même elle ne se serait pas produite au milieu de circonstances aussi tragiques. Nous avions contribué à le faire entrer dans la presse, il y a quelques années, et depuis cette époque nous ne l'avions presque jamais perdu de vue, même dans ces derniers temps, où il avait pris une voie un peu différente de celle que nous lui avions ouverte.

C'est en 1865 que j'ai vu pour la première fois Victor Noir. J'écrivais alors dans l'*Époque*, sous la direction de M. Ernest Feydeau.

Le tiers-parti commençait alors à se former.

L'*Époque* secondait ce mouvement. Elle avait entre autres collaborateurs M. Jules Richard, qui a passé depuis, avec le succès que l'on sait, au *Figaro* et au *Paris-Journal* ; M. Claveau, M. Béhaghel, qui sont devenus depuis secrétaires-rédacteurs du Corps législatif ; MM. Frédérick Terme et

Leguevel de La Combe, aujourd'hui rédacteurs du *Peuple français*. M. Weiss et moi nous faisions des articles sur les séances du Corps législatif, sous la signature commune de Joseph Perrin. Nous avions pour rédiger les faits divers un pauvre garçon qui s'appelait Adolphe de Carfort, auquel tout le monde s'intéressait beaucoup, parce qu'il n'était pas heureux et qu'il supportait sa misère avec beaucoup de courage et de résignation.

Le choléra survient à Paris.

Un beau jour M. Adolphe de Carfort nous quitte à quatre heures de l'après-midi, après le journal terminé.

Le lendemain arrive au journal un grand enfant, taillé en Hercule, mais avec un air doux et un peu gauche. C'était Victor Noir. Il venait nous annoncer que dans la nuit Adolphe de Carfort avait succombé à une attaque de choléra.

Voici ce qui s'était passé. L'histoire était touchante :

Si modeste que fût la situation du malheureux Adolphe de Carfort, il la partageait avec un autre. Il avait rencontré Victor Noir, pauvre et inoccupé, s'était intéressé à lui, et lui avait proposé de chercher les nouvelles, que lui, Adolphe de Carfort, rédigeait. Victor Noir avait de bonnes jambes et une robuste santé ; mais il ne possédait que de bien légères notions de style et même d'orthographe. Adolphe de Carfort, au contraire, écrivait convenablement, mais n'était pas en état de faire le rude métier de chercheur de nouvelles. Ils s'étaient donc associés pour ce travail. C'était la fable de l'aveugle et du paralytique. Carfort faisait une retenue sur ses maigres appointements pour donner une petite indemnité à Victor Noir. Ce dernier nous raconta ensuite comment Adolphe de Carfort, la veille au soir, s'était trouvé malade.

Victor Noir avait passé la nuit auprès de son ami. Il avait été rassuré d'abord par la première visite du médecin, qui avait déclaré que c'était une indisposition sans gravité. Mais, au bout de quelques heures, voyant l'état du malade s'aggraver d'instant en instant, il avait envoyé chercher une seconde fois le médecin, et celui-ci lui aurait dit : « Il est perdu. » En effet, à trois heures du matin, Adolphe de Carfort était mort.

Quelques jours après, quand il s'agit de remplacer notre malheureux rédacteur de faits divers, Victor Noir vint nous trouver. « J'aidais Adolphe de Carfort, dit-il, ne pourrais-je pas continuer seul le travail que nous faisions ensemble ? Je ne sais guère écrire, mais vous me donnerez des conseils. »

M. Feydeau avait beaucoup de bonté et de chaleur de cœur ; il fut touché de cette situation, et Victor Noir eut la petite place qu'il souhaitait. Plus tard, quand l'*Époque* changea de mains, il la quitta. Je crois qu'il fut pendant quelque temps le secrétaire de M. Jules Vallès. Je le perdis de vue pendant près d'un an. Du reste, à cette époque, je n'écrivais plus dans les journaux français. J'avais été forcé, par les tracasseries du ministère d'alors, de me réfugier dans le *Journal de Genève*, qui m'avait offert une bienveillante et honorable hospitalité.

Au lendemain du 19 janvier, lorsque M. Weiss et moi nous venions de fonder le *Journal de Paris*, je vis un beau matin arriver dans notre pauvre bureau de la rue Coq-Héron l'ancien collaborateur d'Adolphe de Carfort, le rédacteur des faits divers de l'*Époque*. Il avait toujours l'air d'un grand enfant. Deux années pourtant avaient passé sur sa tête. Mais il faut dire qu'il n'avait que dix-sept ans lorsqu'il était entré à l'*Époque*. Il venait me demander s'il ne pourrait pas retrouver au *Journal de Paris* une petite situation du même genre. Je le présentai à M. Weiss, qui le

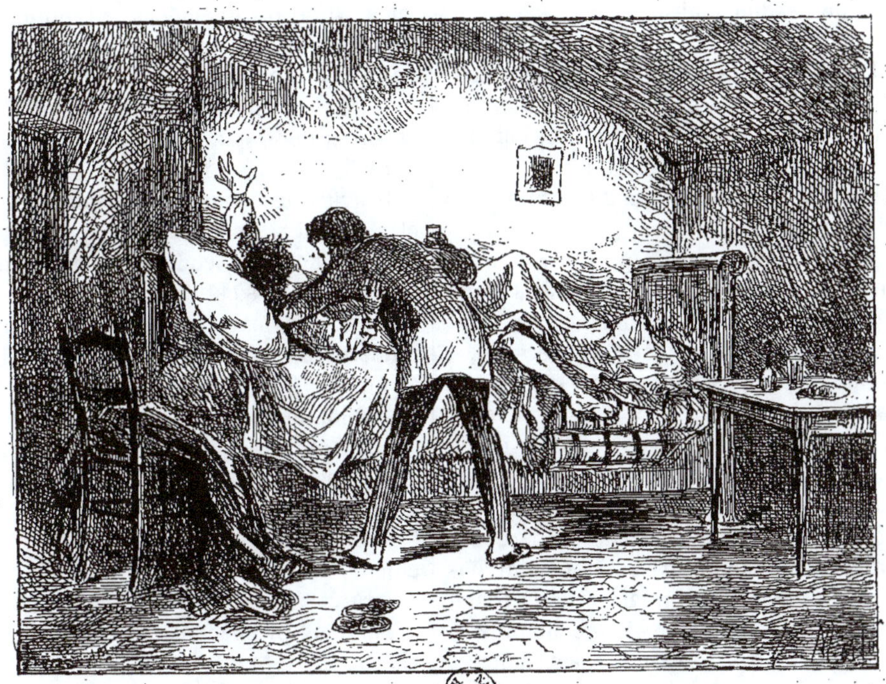

Victor Noir avait passé la nuit auprès de son ami. (*Page* 55, *col.* 1re.)

prit en amitié, le chargea de rédiger les *Notes parisiennes*, et lui donna, pendant plusieurs mois, de véritables leçons de style et de journalisme, avec une bonne grâce et une patience dont Victor lui était toujours resté reconnaissant.

Il nous avait quittés pour entrer au *Rappel*, et ensuite à la *Marseillaise*.

Peut-être était-il bien jeune et bien peu fait pour les luttes politiques.

Il ne s'appelait pas Victor Noir, mais Victor Salmon. Le nom de Noir était un pseudonyme littéraire employé d'abord par son frère Louis Noir, et pris ensuite également par lui. Il avait quitté la maison paternelle à l'âge de treize ans à la suite d'une semonce un peu rude reçue par lui. Il avait fait beaucoup de métiers, entre au-tres celui de commis de nouveautés, jusqu'au jour où il avait rencontré M. de Carfort. Il allait se marier, on le sait, lors-qu'est survenue la tragique aventure dans laquelle il a trouvé la mort. Nous ne vou-lons pas, en ce moment, rechercher quels ont pu être, dans cette aventure, les torts de chacun. Nous aurons, hélas! tout le temps d'étudier cette triste question. Pour aujourd'hui, nous ne pouvons songer qu'à une chose : c'est à la mélancolique destinée de cet enfant de vingt-deux ans, qui était si peu fait pour la politique, que la poli-tique a tué, et qui laisse sur la terre une fiancée de seize ans.

Écoutons encore une voix autorisée et que personne n'osera contester, pas plus que M. Hervé, celle de M. Edmond Texier, l'honorable rédacteur du *Siècle*, dans sa chronique hebdomadaire :

. . . .

« Paris n'est pas malheureux; il a toujours à sa portée un petit drame pour se distraire. Après le crime de Pantin, l'affaire sanglante du maquis d'Auteuil.

L'homicide commis lundi dernier est livré à l'investigation de la justice; il n'y a pas à revenir, quant à présent, sur ce tragique événement, qui a jeté Paris dans la stupeur et la consternation.

L'émotion a été immense, universelle, à la lecture de ce court télégramme qui annonçait comme un retour aux vieilles mœurs de l'ancienne Corse. La jeunesse de la victime, la qualité du meurtrier, cette petite ville d'Auteuil, ville de plaisance et de repos, servant d'encadrement à cette scène épouvantable, tout concourait à exciter l'indignation et à frapper l'imagination de la foule.

J'ai un peu connu ce jeune homme si cruellement enlevé à sa famille, à sa fiancée, la veille du jour où il allait, comme il disait, se mettre dans les meubles de la sagesse.

C'était à Milan, en 1866 : il avait dix-huit ans, et, malgré sa figure imberbe, il avait une poitrine si large, une telle carrure d'épaules, qu'il en paraissait vingt-cinq. M'ayant par hasard rencontré à la gare du chemin de fer au moment où j'allais partir pour Brescia, il vint me demander si j'avais un moyen de le faire arriver auprès de Garibaldi, qu'on croyait à Desenzano, et qu'il voulait voir et peut-être bien suivre, comme volontaire, dans son aventureuse campagne à travers le Tronto.

Nous montâmes en wagon. Au bout d'une heure, je savais à qui j'avais affaire. Mon jeune compagnon était la belle humeur en personne. Un vrai gamin de Paris, mais un gamin de six pieds, taillé comme Hercule. N'ayant encore rien appris, il savait déjà tout, même l'italien, qu'il baragouinait avec l'aplomb d'un apôtre qui aurait eu sa part dans la distribution du don des langues. Il se plaignait fort de l'inintelligence des naturels qui, trop souvent, ne comprenaient pas son aimable macaronisme.

— Avec les femmes, me disait-il, ça va encore ; mais les hommes, quelles têtes dures !

Il avait des yeux qui parlaient pour lui, et il faisait semblant de ne pas se douter que les hommes comprennent moins bien que les femmes cet éloquent langage.

Nous arrivâmes à Brescia, et de là nous pûmes, non sans peine, partir pour Desenzano, que Garibaldi venait de quitter avec ses volontaires.

On était au lendemain de Custozza.

La terreur était dans cette ville abandonnée par les troupes italiennes, et qui s'attendait à un retour offensif des Autrichiens, campés à deux lieues de là, à Peschiera.

En nous promenant sur le bord du lac de Garde, nous nous demandions si, nous-mêmes, nous ne devions pas songer à opérer, comme les garibaldiens, notre retraite sur Brescia, lorsque nous aperçûmes un canon oublié derrière une haie et qui avait dû faire partie d'une batterie masquée, placée là pour tenir en respect les canonnières autrichiennes. A la vue de cette pièce de campagne, Victor Noir fit un bond.

—Il ne sera pas dit, s'écria-t-il, que ce canon tombera dans les mains de l'ennemi; nous allons le cacher quelque part.

— Comment le transporter? lui demandai-je.

— Vous ne savez donc pas, me répondit-il, que je suis fort comme un cheval, et vous l'allez bien voir.

Aussitôt dit, aussitôt fait; il retourne la pièce, la tire à lui, et, à chaque saccade, lui fait faire un pas en avant. Je tâchai de l'aider un peu, mais si peu! Heureusement un paysan qui passait sur la route lui vint en aide. Le canon fut poussé dans une grange voisine et enseveli sous un tas de paille et de bottes de foin.

— Maintenant, me dit-il en riant, rien ne nous empêche plus de battre en retraite, mais en bon ordre.

Comme tous les gens fortement bâtis, il aimait à montrer sa force ; c'est ainsi que, dans un café de Milan ou de Brescia, je le vis retourner sans effort, d'une seule main, une plaque de marbre posée sur une table à trois pieds, comme un autre eût fait une assiette ; mais pendant les quinze jours que je passai auprès de lui, il ne se montra pas une seule fois bravache ou querelleur. Il était d'un caractère doux et enjoué, très-enfant, acceptant les conseils sans trop d'ironie et prenant toujours la plaisanterie par le bon côté ; on l'appelait le petit Noir par antiphrase, et aussi pour le distinguer de son frère Louis : il me parut surtout d'une complaisance rare. Je vois encore ce grand et beau jeune homme entrant dans ma chambre et me disant avec un sourire narquois : « Seigneur, le petit Noir va à la poste porter ses lettres : voulez-vous qu'il porte les vôtres en même temps ? » Pauvre garçon !

Il ne se doutait guère, celui-là, qu'il aurait des obsèques plus magnifiques que celles des puissants de la terre ; que cent mille hommes quittant leurs cabinets d'étude, leurs affaires ou leurs ateliers, suivraient son cercueil !

Chevaux détélés, bras puissants tirant le char funèbre, larmes et cris de la foule, rien n'a manqué à l'apothéose de cet enfant du peuple, adopté par le peuple.

Admirable sentiment de fraternité et de solidarité de la démocratie ! Elle se sent blessée par la balle qui a troué la poitrine d'un de ses membres. Tous ces hommes inconnus les uns aux autres ressentent à la même heure comme un frisson de fièvre et de colère. L'indignation les rapproche, la piété fraternelle les réunit, et ces deux sen-timents qui battent dans tous ces cœurs constituent une immense famille.

Que le gouvernement me permette de lui faire part d'une observation qui n'est pas sans importance : le mot sieur accolé au nom de Victor Noir dans le décret de convocation de la haute cour, et mis en regard du titre de prince qui précédait le nom de Pierre Bonaparte, a produit la plus détestable impression. »

. . . .

. . . .

Après de telles appréciations, de la part de personnes aussi recommandables, sur le caractère, les habitudes, l'enjouement habituel de la victime de l'inculpé Pierre Bonaparte, il serait superflu d'insister.

Du reste l'opinion publique, « le véritable juge », ainsi que l'a dit un cousin — le plus haut placé — de l'inculpé, a prononcé.

Nous ne mentionnerons donc aucune des *nouvelles à la main*, qui, pendant deux semaines, ont servi d'aliment aux journaux petits et grands, et toutes à la louange de la victime du 10 janvier. Nous passerions même sous silence le récit du fait suivant, s'il n'était aussi caractéristique :

« Un certain jour, quelqu'un, qui lui-même s'est nommé, vient chez Victor Noir avec l'intention d'être arrogant et de l'insulter. Le sang-froid, le calme parfait de Victor Noir surexcite le visiteur, à un tel point, c'est lui qui l'avoue, que, perdant toute mesure, il ose lever la canne sur son interlocuteur.

Sans perdre rien de son flegme, Victor Noir, d'un seul geste désarme l'insulteur brutal; d'un autre, il « l'assied » sur un fauteuil, en face de lui, et lui dit simplement :

— Monsieur, maintenant causons tranquillement si vous le voulez bien. »

L'épisode est authentique, et il a son éloquence en présence des faits actuels.

Près de cent témoins ont été entendus,

assure-t-on, dans l'instruction conduite avec une si correcte lenteur par le conseiller d'Oms ; sans aucun doute, lors des débats — quand l'heure sera venue — on saura ce qu'ont dit les témoignages, contre ou pour l'accusé, contre ou pour les victimes.

On fera la part de tous, et on appréciera.

Les feuilles publiques, à l'affût de tout ce qui est susceptible d'exciter, et même de surexciter l'intérêt, la sympathie ou les colères des masses, ont, sans discrétion aucune, parlé et des parties en cause, et de leurs familles respectives.

La famille Salmon-Noir a eu les bénéfices de son honorable demi-obscurité, et de son honnêteté séculaire ; elle en a profité.

Tout le monde, tous, même les insulteurs aux gages, ont été forcés de s'incliner devant plusieurs générations d'honnête labeur, de probité et de loyauté.

Nous n'avons point à relever ce qui a pu être dit à l'égard des parents et alliés de Pierre Bonaparte.

De tous les noms saillants qui ont figuré dans ce lugubre drame, une seule physionomie, bien intéressante cependant, n'a même pas été estompée : celle de Louis Noir, le frère de la victime.

Nous avons dit, physionomie bien intéressante ; nous le répétons.

De Louis Noir, nous ne connaissons que l'homme de lettres, c'est de l'écrivain seul que nous entendons parler.

Notre intention n'est même pas d'apprécier son talent, de dire tout le bien que nous en pensons : nous ne faisons point un article de bibliographie.

Nous esquissons simplement un extrait biographique de Louis Noir : comment il est devenu homme de lettres.

C'est à la fois instructif et intéressant, en même temps que digne d'exemple pour ceux qui, avec la conviction d'un talent naissant, ont le courage, la ténacité et la sainte ardeur de l'étude et du travail. Ils n'ont rien, ils ne sont rien ! mais ils ont la foi, la volonté, ils renverseront tous les obstacles, ils atteindront leur but.

Il en est peu parmi vous, chers lecteurs, qui n'aient lu quelque chose de Louis Noir, soit ses récits militaires, l'odyssée si vraie et si émouvante des campagnes de Crimée et d'Italie, soit quelques-uns de ses romans de sac, d'épée et de corde, à travers les mers, le Sahara et aussi les pays civilisés. Ceux de vous surtout qui préfèrent les récits de guerre et de garnison ont été émerveillés du brio, disons le mot, du *chic* avec lequel Louis Noir raconte batailles, troupes en marche, les lazzis du bivouac et de la tente, les ennuis de la garnison ; de plus l'écrivain profondément observateur vous a étonné par ses réflexions pleines d'à-propos et de justesse ; il sait tout, il apprécie tout, il scrute tout.

Les chocs des armées, les razzias ventre à terre, les chasses vertigineuses de l'autruche et de la gazelle, le vol rapide du faucon qu'il suit à travers l'azur incandescent du soleil du désert, il a vu tout cela, il vous le raconte et il vous y fait assister ; en même temps il a étudié à loisir les habitants, leurs mœurs, le sol, ses produits, ses richesses présentes et d'avenir, ainsi que vous pourrez, du reste, en juger dans quelques jours, ami lecteur, puisque nous n'ignorons pas que, dès la semaine prochaine, le *Musée littéraire illustré* publiera dans ses colonnes : *Algérie—grands jours de l'armée d'Afrique*, qui sera le digne pendant ou plutôt la continuation du succès des *Guerres de mon temps* du même auteur.

Le genre favori de Louis Noir, celui où il excèle et où il est sans rival, est donc le genre « militaire ».

Il ne saurait guère en être autrement. Louis Noir parle admirablement des zouaves, de l'Afrique, de l'Algérie, de la

Crimée, parce qu'il a été zouave et a fait les campagnes d'Afrique et de Crimée.

La campagne d'Italie est un chef-d'œuvre, parce qu'il en a suivi toutes les péripéties comme *reporter*, la plume et le crayon à la main, à défaut du fusil d'ordonnance, et le sac au dos.

Le zouave s'était transformé homme de lettres, sous les murs de Sébastopol même; c'est en effet dans une des tranchées de ce siége mémorable qu'il avait reçu le baptême de journaliste; — M. Delamarre, de la *Patrie*, parrain par délégation.

Quoique avec des allures de roman, cette transformation subite est la vérité exacte.

Elle nous a été contée par une personne digne de toute croyance; et depuis elle nous a été confirmée par dix personnes.

Entre deux combats d'avant-poste, tourmenté par un démon révélateur, le zouave écrivait anecdotes, cancans, aperçus militaires, faisait enfin le véritable journal du siége, qu'à tout hasard il envoyait à la *Patrie*, se confiant à la Providence et à l'appréciation du journal séculaire de la rue du Croissant. Trois ou quatre correspondances signées *Victor Noir,* nom d'autant mieux inconnu alors, que c'était un pseudonyme, avaient été successivement reçues au journal, sans qu'on y fît autre attention que celle accordée d'ordinaire par les éditeurs et les rédacteurs en chef à tout ce qui n'est pas connu et *coté* sur le turf littéraire.

Le correspondant de Crimée n'en continuait pas moins ses envois de chaque semaine ; si bien qu'un beau jour, le secrétaire de la rédaction de la *Patrie,* de guerre lasse et intrigué de la constance de ce correspondant acharné, jette un coup d'œil furtif sur la dernière lettre reçue.

— Tiens, tiens ! fit-il après l'avoir lue tout entière, mais ne serait-ce pas une *trouvaille?* et bien vite il va en conférer avec M. Delamarre, le pacha du lieu.

Ordre est promptement donné de retrouver les lettres précédentes. Elles sont lues, commentées et bien vite publiées.

M. Delamarre fit aussitôt écrire à son correspondant lointain pour lui annoncer que ses correspondances seraient reçues et publiées avec plaisir et reconnaissance.

Il serait injuste de ne pas l'ajouter : quelques boîtes d'excellents cigares et un petit fût de vieux rhum accompagnaient le certificat de naturalisation littéraire du zouave Louis Noir. Ajoutons encore que d'une façon très-délicate, et ne sachant pas au juste si le pseudonyme cachait un simple pioupiou ou un officier, le secrétaire du père Delamarre insinuait qu'à la *Patrie* les rédacteurs et les correspondants étaient habituellement payés.

Le zouave de 1855 pas plus que le romancier d'aujourd'hui n'était timide, et déjà il s'entendait parfaitement à gréer sa barque de façon à aborder au but qu'il se proposait.

Il répondit qu'il n'avait nullement besoin d'argent, mais de liberté ; Sébastopol allait être infailliblement pris, cette guerre loin-

taine et ruineuse se terminerait, il avait horreur de la vie de garnison ; il demandait donc purement et simplement un remplaçant : une couple de milliers de francs feraient l'affaire ; le journal la *Patrie* était assez riche pour, moyennant cette bagatelle, s'attacher un rédacteur dévoué.

C'était franc, voire même un peu sans façon ; mais M. Delamarre était sans doute dans un de ses bons jours. Tout était à peu près possible au propriétaire du journal ministériel, si bien que dès le lendemain, le courrier de Crimée emportait les instructions ministérielles permettant le rapatriement du zouave Louis Salmon.

Le journal ministériel a-t-il ou non versé à la caisse d'exonération du service militaire la prime de remplacement du zouave rapatrié ?

Peu nous importe ; le certain c'est que trois semaines après, Louis Noir était simple pékin, attaché à la rédaction de la *Patrie.*

La guerre finie, et la spécialité du néophyte en journalisme ne faisant plus primé, pour lui commencèrent les difficultés sérieuses.

Il était peut-être un peu plus instruit que son frère, mais son instruction était incomplète et toute superficielle.

Très-intelligent, il n'ignorait pas que les facultés d'invention, de charpentage d'une action dramatique ou de roman, et même le coloris du style, doivent être le corollaire principal du savoir et de l'étude, et ne sauraient s'en passer.

Il se mit donc courageusement au labeur ; seul il a appris le latin et quelque peu de grec ; successivement, il s'est « attelé », pour employer une de ses expressions favorites, aux diverses branches des connaissances humaines. Il est encore trop jeune pour avoir eu le temps de beaucoup approfondir, mais il a des connaissances exactes, sinon fort étendues, sur tout ou presque tout.

Tel vous le connaissez écrivant romans ou récits militaires, tel il est causeur ; s'il est prolixe, touffu, quoique par phrases courtes et concises, dans son style, il n'est pas moins « *raconteur* » dans la causerie, ses intimes disent bavard.

Quoique paradoxal — à froid — ce n'en est pas moins un conteur très-intéressant, vous racontant avec un sérieux imperturbable les plus impossibles impossibilités ; on jurerait, à l'entendre et à le voir, qu'il croit que « c'est arrivé. » — Soyez bien convaincus du contraire : Tout simplement, à la place de ses interlocuteurs ou de ses convives, il suppose un public de lecteurs, et il essaye sur eux l'effet que pourrait produire telle ou telle péripétie émouvante ou une simple amusette qu'il rêve pour son prochain roman.

Louis Noir, aujourd'hui, a le succès en poupe. Il le mérite.

Son bon ménage avait été de courte durée avec la *Patrie*. S'il n'a pas connu la misère, tout au moins il en a côtoyé les bords. Marié jeune, père de famille, la tâche aurait été pour lui plus rude que

pour tout autre, s'il n'avait réussi assez promptement. L'amitié et l'esprit sagace de M. Louis Desnoyers lui avaient ouvert le feuilleton du *Siècle*. C'était de prime abord débuter par où tant d'auteurs voudraient pouvoir finir.

Puis la *Petite Presse*, le *Petit Journal*, le *Petit Moniteur* lui demandèrent successivement sa collaboration, et depuis deux ans, il a fait presque la fortune de quelques journaux à romans populaires.

On affirmait que le fatal événement dont nous écrivons le lugubre récit l'avait décidé à désormais s'adonner spécialement au journalisme militant.

Nous qui connaissons son bon sens, et en même temps le côté positif de son caractère, nous étions convaincu qu'il ne ferait pas la folie d'abandonner la voie où il avait récolté succès, position honorable et travail lucratif, pour une route nouvelle pleine de périls, d'incertitude et de mécomptes.

L'événement nous donne raison : non-seulement la *Petite Presse* et le *National* publient sa *copie* en feuilleton, mais encore, nous le répétons, le *Musée Littéraire illustré* a la bonne fortune de pouvoir promettre à ses lecteurs une œuvre de Louis Noir dès le prochain numéro.

LES CONSÉQUENCES DE L'HOMICIDE

VIII

Il est presque impossible, pour que l'étude du drame d'Auteuil soit complète, de ne pas se préoccuper des conséquences probables de l'événement, et surtout de ne pas constater les effets déplorables, les faits malheureusement trop authentiques qu'il a déjà produits, à un mois, à peine, de date.

Il ne s'agit point, en effet, simplement ici d'une de ces catastrophes funestes, mais purement accidentelles, en présence desquelles la conscience publique n'a qu'à gémir sur les victimes; il s'agit d'un de ces événements qui ne sont point sans influer sur la vie et les destinés d'un peuple et qui déterminent souvent un courant d'idées très-entraînant, très-décisif.

Sans vouloir le moins du monde mêler la politique à notre récit, ce qui est aussi peu dans nos désirs qu'en dehors du cadre que nous nous sommes tracé, nous ne pouvons pas ne pas mentionner les faits historiques auxquels a fatalement donné lieu le revolver de Pierre Bonaparte. Nous n'apprécions pas; nous ne commentons pas; nous constatons.

Le calme renaissait dans les esprits; les affaires commerciales s'apprêtaient à sortir de la torpeur qui les annihile depuis trop longtemps, hélas!

Victor Noir est tué!

Et voilà qu'au lieu du calme, c'est l'agitation dans les cœurs et dans les têtes...

C'est la polémique à outrance; c'est de part et d'autre l'appel aux passions les plus mauvaises : ici l'anéantissement du fœtus de libertés promises — là, la violence outrée et poussée au paroxysme.

Les transactions commerciales sont subitement arrêtées et restent paralysées.

Ce n'est pas seulement dans les journaux, dans les réunions publiques, que l'on discute avec passion ; à la Chambre nos honorables sont non moins émus, non moins exaltés...

L'incident Rochefort, une fois soulevé, était inévitable — gros de périls.

Rochefort a été condamné, puis emprisonné.

Son pavois est dressé plus haut et plus populaire que jamais...

Son arrestation a été la cause ou tout au moins le prétexte de désordres sérieux.

Depuis juin 1848, et depuis décembre 1851, il n'y avait pas eu l'essai d'une seule barricade dans les rues de Paris.

Dans les soirées des 7, 8 et 9 février, des barricades ont été élevées, barricades ridicules, si on veut, mais enfin, il y en a eu.

Il y a eu commencement d'insurrrection, — insurrection piteuse, composée principalement de fuyards, c'est vrai; — mais enfin il y a eu commencement d'insurrection et, chose mille fois triste, il y a eu morts d'hommes à déplorer.

Près de cinq cents personnes sont actuellement arrêtées...

Et enfin, dernier événement en date, — triste et sanglant pendant de l'affaire d'Auteuil et sa conséquence déplorable, — un officier de la police judiciaire, en vertu d'un mandat régulier, vient pour procéder à l'ar-

Il tire « *dans le tas* » selon son expression. (*Page 64.*)

restation de l'ouvrier mécanicien Megy, jeune homme de vingt-six ans.

Le malheureux ouvrier n'attend même pas qu'on lui explique ce qu'on veut de lui et ce qu'on vient lui demander au nom de la loi; lui aussi, il avait un pistolet sous la main et, aussitôt la porte ouverte, il tire « dans le tas », selon son expression.

La balle n'effleure que légèrement le commissaire de police, mais elle tue l'agent Mourot. Y avait-il ou non violation illégale du domicile d'un citoyen? Ce n'est point à nous de décider, ni même de discuter.

Mais ce qui est malheureusement vrai : coups de pistolet et mort d'homme, tel a été le signal et la cause incontestable de toutes les calamités et du sang versé depuis un mois.

Coups de pistolet et morts d'hommes, tel est le sinistre couronnement de cet amoncellement de ruines, de haines concentrées et de projets de vengeance, et peut-être d'autres.... simplement ajournés.

Dieu fasse que le sang de l'agent Mourot, de même que Victor Noir victime innocente, soit enfin le dernier versé!

Et qu'à défaut des hommes, Dieu soit miséricordieux à l'auteur premier, cause unique de tous ces malheurs!...

ACCUSATION ET DÉFENSE

Chose étrange, phénomène singulier, qui nous apparait seulement au moment où nous traçons ces lignes, mais qui peint bien la situation, et qui saute aux yeux de quiconque, en y réfléchissant, à prononcé ces mots : Accusation et Défense.

Qui sera accusateur? Lequel sera accusé?

Lequel sera-t-on obligé de défendre?

Les paroles du frère de la victime, — afin qu'il n'y ait pas de malentendu possible, — de la victime, Victor Noir — auraient-elles été prophétiques?

Deux jours après le meurtre, il disait, il écrivait : Nous nous porterons partie civile afin de « pouvoir défendre notre mort. »

Il n'est permis à personne de préjuger : — Attendons.

Il n'est pas permis davantage, ou tout au moins ce serait un grand manque de convenance, que de devancer l'œuvre de la justice et de dire en parlant de l'inculpé Pierre Bonaparte : Il est coupable ou il n'est pas coupable; il y a des circonstances atténuantes qui militent en sa faveur, ou toutes les circonstances sont aggravantes du fait.

Toutefois à l'historien appartient le droit imprescriptible et absolu d'apprécier les faits acquis, hors de toute conteste et de toute discussion, et ce, en dehors de préoccupation aucune, tant de l'accusation que de la défense.

Cette appréciation, quand elle est loyale et de bonne foi, procède seulement du bon sens; ses déductions procèdent de la logique, nous hésitons d'autant moins à aborder ce sujet délicat, qu'il a été traité avant nous, et comme nous, par les esprits les plus sérieux et les plus élevés, et que ceux-là même, qui, par esprit dynastique ou autre motif, sont naturellement portés à la plus grande indulgence, sont obligés de courber la tête et de murmurer : Cet affreux malheur est inexplicable....

Personne ne connaît encore le premier mot de l'instruction.

Qu'ont dit, qu'ont appris les nombreux témoins entendus ?

Quel sera, en dernier ressort, le système de défense de l'inculpé?

Sera-t-il sincère ? Sera-t-il favorablement accueilli?

Nous le répétons, à part le magistrat instructeur, nul ne sait rien.

Mais ce que nous savons et ce que personne n'ignore, c'est que les explications écrites, sur l'heure, par Pierre Bonaparte, corrigées ou non par M. Paul de Cassagnac, sont pitoyables et ne résistent pas une seconde à un examen même superficiel.

Si elles sont sincères et l'expression de la vérité, c'est bien malheureux pour l'inculpé : personne ne le croira.

— « Ils se sont présentés d'un air menaçant, les mains dans les poches » a déclaré Pierre Bonaparte, en parlant de l'arrivée chez lui des deux témoins envoyés par M. Paschal Grousset.

A qui fera-t-on croire que même, supposées deux personnes illettrées, sans éducation aucune, venant chez quelqu'un, fût-il un prince, pour une affaire d'honneur, elles s'y présentent le chapeau sur la tête, les

mains dans les poches, avec un air menaçant, et introduites dans un salon, y conser-
vent la même prétendue attitude?

A plus forte raison est-il supposable
que Victor Noir, garçon connu par sa bonne
humeur, par la douceur et l'aménité de son
caractère, qui devenait modestie et presque
timidité en certaines circonstances, que M.
de Fonvielle, gentleman de race et d'habitudes, est-il possible, disons-nous, que ces
deux personnes bien élevées, ayant conscience de leur mission, précisément parce
que ce n'était pas la première fois qu'elles
étaient appelées à semblable ambassade,
aient ainsi oublié la dignité que leur impo-
sait la situation?

Admettons, si l'on veut, qu'ils venaient
avec l'intention arrêtée d'être froidement
polis ; à cause même de leur propre dignité,
ils n'ont certainement pas failli à cette
obligation absolue.

Pierre Bonaparte, tout prince qu'il est,
n'avait pas à exiger autre chose.

Mais si le fait que nous allons rapporter
est vrai, et l'instruction le vérifiera bien
certainement, — il est assez grave et
assez important pour qu'elle s'en émeuve —
l'accusation pourrait établir, par témoignages que, selon toute probabilité, Victor
Noir et de Fonvielle se sont présentés chez
le prince Pierre avec « l'intention et l'espoir
d'amener une solution amiable et honora-
blement satisfaisante, » ce qui de prime-
abord, semble exclure toute idée de menace,
d'insolence et d'incivilité.

Nous rapportons ce qui nous a été affirmé et nous citons les noms :

Tout le monde connaît l'intimité de Victor
Noir avec M. Aurélien Scholl ; quelques
jours avant, Victor avait eu précisément
occasion d'assister son ami dans une
affaire d'honneur.

Dimanche, la veille du jour néfaste du
10 janvier, Victor rencontre M. Scholl, et
tout naturellement, il lui raconte son excursion du lendemain, projetée à Auteuil.

M. Scholl demande des détails, qui lui
sont fournis.

En vérité, s'écrie-t-il, après avoir connu
ce dont il s'agissait, il n'y a pas lieu à duel
ni à réparation du prince Pierre à Paschal
Grousset ; — M. Scholl avait parfaitement
raison ; — son simple titre de correspondant et même de fondateur de l'*Avenir de
la Corse* ne lui impose pas l'obligation de
prendre fait et cause et de se croire insulté
par une polémique entre Corses ; — il faut
absolument arranger cette stupide affaire.—
Je connais intimement le prince, ce sera
chose facile. Il est brutal, parfois gros-
sier, mais au demeurant « bon enfant. »
Surtout, Victor, n'oublie pas qu'il est républicain de cœur et d'âme, il est avec le parti
de l'action, parlez-lui politique, république,
et de Fonvielle et toi verrez que tout mar-
chera sur des roulettes.

— Eh bien ! tant mieux s'il en est ainsi,
fit Victor Noir ; j'aime autant cela ; — nous
ferons ce qu'il faudra. Puis redevenant
joyeusement le bohême de ses débuts, et
en reprenant le langage réaliste, il ajouta :

— S'il est aussi bon démocrate que cela,
nous nous serrerons la « pince » (la main)
et nous nous ferons inviter à déjeuner.

Et le côté enfantin de son caractère
prenant tout à fait le dessus : — Ce sera
chic, hein ! termina-t-il en riant de son bon
gros rire : Victor Noir déjeunant avec un
Bonaparte !

Si ce fait est exact, et vu les personnes
qui nous l'ont rapporté, nous le tenons
pour vrai ; non-seulement la déclaration
ci-dessus de l'inculpé sera reconnue inac-
ceptable, mais elle sera forcément jugée
mensongère.

L'inculpé ajoute qu'il a reçu un soufflet
de Victor Noir ; de Fonvielle dément énergiquement le fait.

L'inculpé a un grand intérêt à affirmer

le soufflet : de Fonvielle en a un beaucoup moindre, il n'en a même aucun à faire un mensonge qui deviendrait monstrueux en si grave circonstance.

Enfin !... admettons le soufflet.

Il avait été certainement provoqué, et, de son propre aveu, par l'accusé ; on comprend facilement qu'à des épithètes de *crapule*, de *charogne* et de « *manœuvre* », on réponde par un soufflet.

Eh bien ! après ?... Est-ce que ce soufflet reçu et mérité donnait le droit de vie et de mort sur le souffleteur ?

Est-ce qu'il autorisait les deux coups de pistolet sur M. de Fonvielle ?

Poser les questions, c'est les résoudre.

Il sera beaucoup moins facile pour l'accusé de répondre à la question suivante, si elle lui est posée toutefois par le magistrat instructeur, ou par le président de la Haute Cour de justice :

— Inculpé, pourquoi, en recevant Victor Noir et de Fonvielle, et ce, de votre propre aveu, aviez-vous « la main dans la poche de votre pantalon, sur votre petit revolver à cinq coups ? » Et pourquoi aussi aviez-vous « le bras gauche à moitié levé dans une attitude énergique ? »

Nous souhaitons que la réponse soit logique et concluante.

On a également insinué et même accusé ouvertement les deux témoins de M. Grousset d'être venus à Auteuil avec une arrière-pensée de guet-apens.

Les faits prouvent l'absurdité de toute hypothèse de ce genre.

M. de Fonvielle, il est vrai, avait un revolver dans sa poche, mais aussi, dans son étui...

Ce n'est, du reste, un mystère pour personne, et nous-même, quoique ne connaissant que très-peu M. de Fonvielle, un hasard nous l'avait appris ; depuis ses voyages d'Afrique et ses excursions en Amérique,

M. de Fonvielle, suivant la mode américaine, a toujours un revolver sur lui.

Du reste, M. de Fonvielle, rappelant les antécédents de l'inculpé, serait peu embarrassé pour répondre que, dans la maison d'Auteuil, un revolver était une précaution utile.

L'événement ne l'a que trop prouvé.

Mais, de bonne foi, peut-on protester de guet-apens préconçu, quand l'arme chargée de le perpétrer est dans son étui ? quand, elle n'est pas armée, quand même le porteur de l'arme, au moment où il en a besoin, non pour attaquer, mais pour se défendre, ne sait même pas s'en servir, et est obligé de se réfugier derrière un fauteuil !...

Accusé Bonaparte, dites et faites dire tout ce qu'il vous plaira à l'encontre de M. de Fonvielle.

Soutenez qu'il a été moins que brave...

Dites que, jeune, agile et vigoureux comme il doit être, ou même, sans être rien de tout cela, aussitôt le meurtre commis, il ne devait faire qu'un bond sur le meurtrier, le désarmer, et même l'étrangler, si cela lui était possible.

Dites tout cela, et autre chose encore, vous serez peut-être dans le vrai.

Mais, sachez-le bien, tout, absolument tout, démontre l'absurdité d'une accusation de guet-apens, de la part, du moins, de Victor Noir et de de Fonvielle.

Si vous persistiez dans votre allégation, ce serait essayer de renouveler cette antique plaisanterie du lapin qui a commencé...

Quant aux *antécédents* respectifs des parties en cause, nous les avons dits.

Près de six semaines se sont écoulées depuis que l'instruction est commencée.

Tout annonçait quelle devait marcher rapidement.

On parlait de quinze jours, un mois tout au plus, pour que la justice prononçât.

Sur l'assurance d'une instruction énergique, loyale et impartiale, l'opinion publique s'était subitement calmée.

Six semaines ont passé...

Le public qui ignore les formalités indispensables de la procédure criminelle, se demandait, hier encore, pourquoi l'affaire n'avait pas encore reçu de solution.

Lors des débats nous ne manquerons pas d'examiner ce que les préoccupations du public peuvent avoir de fondé,... aujourd'hui nous ne pouvons que rapporter des faits ;

1° Arrêt de la Chambre d'accusation de la Haute Cour de justice qui « renvoie le prince Pierre Bonaparte devant la Chambre de jugement de la Haute Cour pour y être jugé ».

2° Décret impérial en date du 19 février 1870, convoquant la Chambre de jugement de la Haute Cour de justice pour le lundi 21 mars 1870, à onze heures du matin, au palais de Justice de la ville de Tours.

Lecteur, au jour dit, l'acte d'accusation, les débats, la physionomie de l'audience, les paroles des accusateurs et des défenseurs, nous promettons d'être les premiers à les publier, et d'en donner la primeur dans le *Musée littéraire illustré du mardi 22 mars*.